乡村振兴丛书

农地保护外部性及其空间外溢研究

NONGDI BAOHU WAIBUXING JIQI
KONGJIAN WAIYI YANJIU

马爱慧 ◆ 著

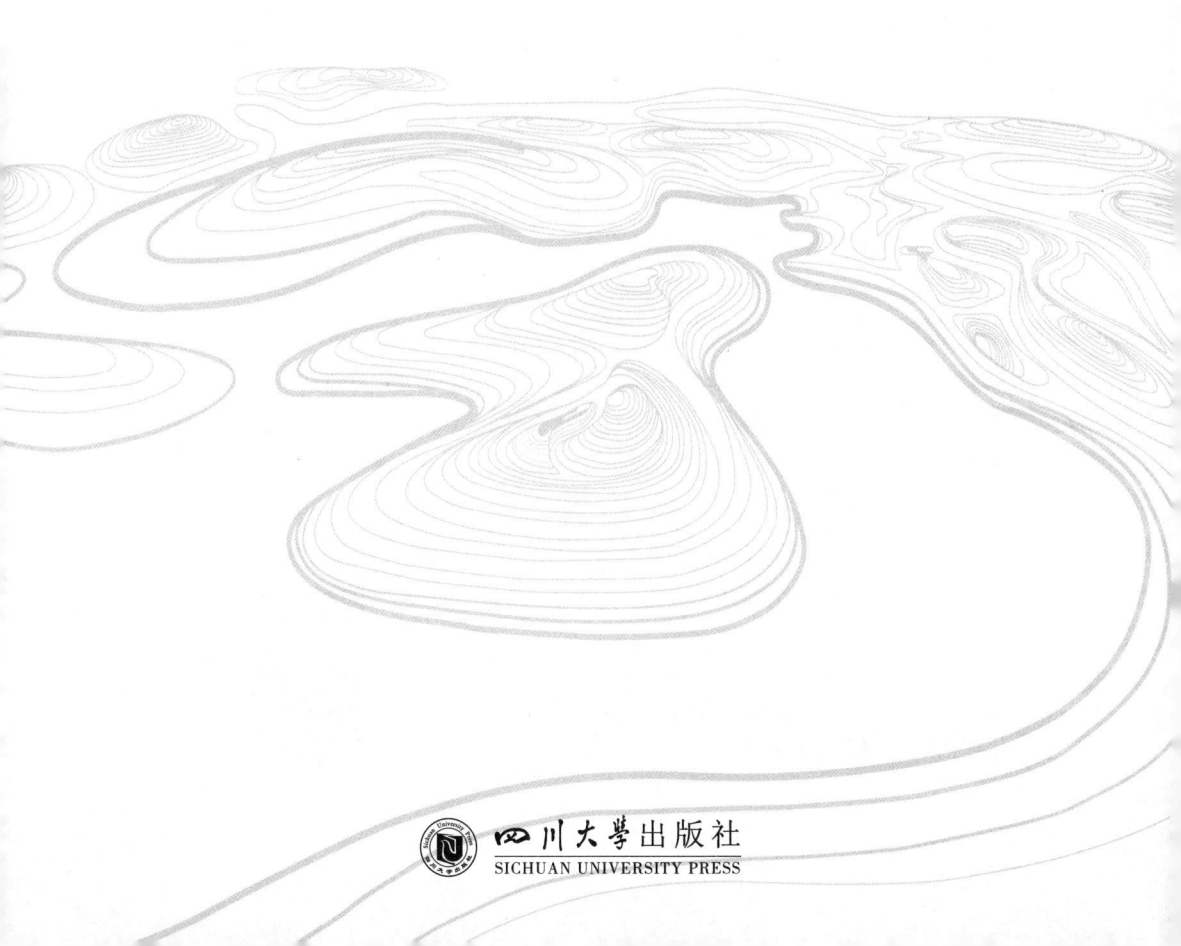

四川大学出版社
SICHUAN UNIVERSITY PRESS

图书在版编目（CIP）数据

农地保护外部性及其空间外溢研究 / 马爱慧著． — 成都：四川大学出版社，2022.6
（乡村振兴丛书）
ISBN 978-7-5690-5428-6

Ⅰ．①农… Ⅱ．①马… Ⅲ．①农业用地－土地保护－研究－中国 Ⅳ．①F321.1

中国版本图书馆CIP数据核字（2022）第061807号

书　　名：	农地保护外部性及其空间外溢研究
	Nongdi Baohu Waibuxing jiqi Kongjian Waiyi Yanjiu
著　　者：	马爱慧
丛 书 名：	乡村振兴丛书

丛书策划：	庞国伟　蒋姗姗
选题策划：	梁　平
责任编辑：	梁　平
责任校对：	傅　奕
装帧设计：	璞信文化
责任印制：	王　炜

出版发行：	四川大学出版社有限责任公司
地　址：	成都市一环路南一段24号（610065）
电　话：	（028）85408311（发行部）、85400276（总编室）
电子邮箱：	scupress@vip.163.com
网　址：	https://press.scu.edu.cn
印前制作：	四川胜翔数码印务设计有限公司
印刷装订：	四川盛图彩色印刷有限公司

成品尺寸：	170mm×240mm
印　张：	11.5
字　数：	216千字

版　次：	2022年7月 第1版
印　次：	2022年7月 第1次印刷
定　价：	68.00元

本社图书如有印装质量问题，请联系发行部调换

版权所有 ◆ 侵权必究

前 言

农地资源不仅具有保障地方和国家粮食安全的功能，还具有天然生境的维护、开敞空间、优美景观及文化服务等功能，而这些功能外溢于经济效益，运用庇古的说法，当私人成本与社会成本不相等或者私人收益和社会收益不相等时，就会存在外部性问题。农地资源具有明显的外部性特征，加之在资源保护过程中产生的社会效益及生态效益具有无形性、多样性、交叉性等特点，导致在现有的市场体系中其价值难以体现，造成农地保护积极性被抑制。同时，为保护农地资源，我国采取众多规划管制手段，如土地用途管制及分区规划，区域间保护耕地资源数量多寡存在差异，规划管制将会导致不同土地利益群体发展的非均衡，特别是受限地区发展机会的损失，相应利益群体会陷入"暴溢－暴损"困境。如何通过政策工具安排，考虑农地资源保护相关利益主体行为决策，对外部效益提供者及保护暴损者采用市场和政府相结合的激励与约束机制值得探讨。

基于以上分析，本书把农地保护外部性分为农地保护本身外部性及农地规划管制产生的外部性两部分，但外部性如何内化，外部性影响边界如何确定一直是研究的难点。研究尝试用条件价值法和机会成本法对农地保护本身外部效益进行量化，并以外部溢出效应为 0 的点作为区域边界，对微观层面的外部性空间外溢距离进行测算；以宏观行政区划为基本单元，识别外溢量，依据生态盈余与赤字区，构建横向的财政转移方案；通过总结我国现有农地保护经济补偿实践和国外农地保护经验，可知农地保护外部性的解决仅仅依靠市场是行不通的，必须通过政府制度安排和市场充分结合，才能促进农地正生态服务的继续供给，负生态服务的有效抑制，平衡农地保护与区域经济发展间的矛盾。

本书内容共有八章，具体如下：

第一章为概论，系统阐述了我国农地资源保护现状，提出农地保护问题，并在此问题基础上对农地保护外部性进行理论分析，明确研究意义所在。

第二章为国内外研究进展及农地保护实践。该章阐述了目前国内外农地保护外部性的研究现状及其进展，并对我国农地保护政策演变历程、农地保护补偿实践与政策以及国外的农地保护实践进行梳理，为我国农地保护制度提供借鉴。

第三章为相关概念界定与理论基础，主要对农地、补偿、产权、农地保护外部性、空间外部性及空间外溢相关概念进行界定，并基于外部性理论、公共产品理论、资源价值论及福利理论，构建农地保护外部性内化的理论体系。

第四章为农地保护利益主体及外部性的探讨。该章首先分析农地保护利益主体中央政府、地方政府、农地产品供给者（农民）和消费者（市民）之间的行为决策，为农地保护补偿提供依据；其次在农地保护外部性及转移方案讨论基础上，对农地保护外部性及空间外部性进行分类。

第五章为农地保护外部效益测度方法与实证。该章阐述农地保护外部效益测度的常用方法——替代成本法、当量因子法、条件价值法和机会成本法，并基于条件价值法和机会成本以成都市为例核算农地保护的外部效益，为农地保护纵向经济补偿提供了弹性补偿区间标准。

第六章为农地保护外部性空间外溢理论与实证。空间外溢距离与边界一直是学界研究的难点，本章尝试从理论和实践上微观探讨农地保护外部效益的空间外溢边界与距离，并从宏观规划管制下对农地保护外部性空间外溢进行了核算，核算时综合生态盈亏量、地方经济发展水平和保护造成的暴损，为农地保护横向财政转移支付提供依据和现实可行性。

第七章为成都耕地保护基金政策评价与调查。本章建立指标体系对成都耕地保护基金政策实施前后进行综合评价，并在问卷调查基础上对耕地保护基金政策满意度进行分析，最后提出成都市耕地保护基金政策的改进方向。

第八章为研究结论与政策制度安排。农地保护补偿机制受到国家和政策决策者的高度重视，中央一号文件多次提出耕地生态补偿；党的十八大报告提出"大力推进生态文明建设，建立生态补偿制度"的重大战略主张；党的十九大报告提出"实施区域协调发展战略"，"建立市场化、多元化生态补偿机制"。成都、上海、广州、杭州等众多地方进行了农地保护生态补偿实践与试点，补偿政策各地分割、插花式运行，同时并未充分考虑区域之间规划管制所造成的影响，如何协调区域经济福利非均衡也亟待政府解决。期望本书的研究出版能为农地保护生态补偿制度进一步推广提供理论支撑，使农地保护管理和决策更具有科学性和实践操作性。

农地保护外部性及空间外溢研究中外部效益的量化、外溢空间距离与边界问题一直是学界研究的难点,具有一定的复杂性,诸多问题有待深入探讨,由于著者水平有限,书中肯定存在许多不足之处,恳请同行和读者给予批评指正,以便在未来工作与研究中予以改进。

著 者
2021 年 10 月

目　录

第一章　概　论 ………………………………………………（ 1 ）
　第一节　农地资源保护现状 ……………………………………（ 1 ）
　第二节　研究问题提出与研究意义 ……………………………（ 7 ）

第二章　国内外研究进展及农地保护实践 ……………………（ 14 ）
　第一节　国内外研究进展及评述 ………………………………（ 14 ）
　第二节　我国农地保护政策与实践 ……………………………（ 20 ）
　第三节　国外农地保护实践 ……………………………………（ 39 ）

第三章　相关概念界定与理论基础 ……………………………（ 46 ）
　第一节　相关概念界定 …………………………………………（ 46 ）
　第二节　理论基础 ………………………………………………（ 51 ）

第四章　农地保护利益主体及外部性探讨 ……………………（ 61 ）
　第一节　农地保护利益主体及行为决策 ………………………（ 61 ）
　第二节　农地保护外部性及空间转移 …………………………（ 67 ）

第五章　农地保护外部效益测度方法与实证 …………………（ 76 ）
　第一节　农地保护外部效益的测度方法 ………………………（ 76 ）
　第二节　农地保护外部效益测度——以成都市为例 …………（ 90 ）

第六章　农地保护外部性空间外溢理论与实证 ………………（104）
　第一节　农地保护外部性空间外溢理论边界与损失 …………（104）
　第二节　农地保护外部性空间外溢度量实证 …………………（106）

第七章　成都市耕地保护基金政策评价与调查 …………………… (124)
第一节　成都市耕地保护基金政策综合评价 ………………… (124)
第二节　成都市耕地保护基金认知调查 ……………………… (134)

第八章　研究结论与政策制度安排 …………………………………… (142)
第一节　研究结论 ……………………………………………… (142)
第二节　政策制度安排与建议 ………………………………… (146)

附　录 ……………………………………………………………………… (152)
附录1　成都耕地保护基金调查问卷 ………………………… (152)
附录2　农业环境污染认知与意愿问卷调查 ………………… (158)

参考文献 ………………………………………………………………… (163)

第一章 概 论

民以食为天，土为农之本也。农地作为一种稀缺宝贵资源，附加了人类众多劳动，成为一种重要的人工生态服务系统，能满足人类需求的各种目标，是人类生存和发展的必要基础条件。农地资源，尤其是耕地资源，除了为人类提供生活所需要的各类食物、纤维等物质性产品之外，还提供一些对人类有益的非物质性服务产品，譬如开敞空间、优美景观、文化服务等。研究者认为农业资源对人类产生众多积极益处，比如，农村天然生境的保持和维护、地方和国家粮食安全保障、优美的农业景观及农民就业保障等（Lynch，2001）。因此，农地是人们赖以生存和发展的基础，是国家生态安全和社会稳定的基石，但随着我国城市化进程加快，城市建设用地需求与日俱增，导致农业资源不断流入非农业部门，农地资源非农化的需求旺盛，农地资源保护工作面临严峻挑战。

第一节 农地资源保护现状

城镇化是人类社会经济发展的必然产物和客观要求，随着中国城镇化的快速崛起，中国耕地面积减少与城市化率不断提高之间的矛盾日益凸显。2017年我国城市化率达到58.5%。2018年中国统计年鉴显示，2012年乡村人口64222万人，2017年减少到57661万人，扣除出生率和死亡率，5年来乡村人口减少了6561万人。按照这个趋势发展，未来20年平均每年将有1000多万乡村人口变成城市人口。城镇化是社会发展的必然趋势，产生了巨大的经济效益和积极的社会效益，是区域经济增长的火车头和加速器。现阶段经济增长势必会加大土地要素的投入，与此同时，城市人口的快速增加，必然导致城市面积不断扩张，若盲目无序扩张，且偏重于城市空间范围的扩大和延伸，在城市存量土地有限的情况下，农地资源转变为建设用地规模将不断加大。由于农地城市流转具有不可逆性和不确定性，一旦农地被城市建设占用，则经过长期生物积累而形成肥力保持的生产要素——耕作层将被彻底改变，在现有技术条件下难以发生逆转。农地流转的最终结果是耕地资源减少，造成全社会所享有的生态产品和物质不断下降和减少，而且耕地生态功能将不断丧失，随之而来的是源源不断的生态经济问题。目前，农地资源的市场经济价值较低，而非市场价值如粮食安全保障功能价值、就业保障功能价值、生态安全价值等较高，导致农地资源比较经济利益低下，而工业用地、居住用地和商业用地经济效益较高，是农业用地价值的百倍甚至上千倍，因此，保护农地资源产生的机会成本较高。经济效益的差异化又进一步促使农地流转为建设用地。

虽然我国耕地资源总量相对而言并不匮乏，但人均可支配的耕地资源令人担忧。联合国粮农组织根据耕地生产能力划定了人均耕地警戒线，其值为530m^2，但我国低于该警戒线的县有666个，其中69.52%的县人均耕地面积竟然不足330m^2（陈建成、刘进宝，2008）。同时随着农民收入来源多元化，进一步减弱了农民对土地的依赖。随着城市化进程的推进，走出农村进城寻找工作机会成了年轻一代农村人口摆脱困境的出路，农民与土地的关系也随之悄然发生变化，一些农村仅剩下劳动能力较弱的农业劳动者，导致一些耕地低效利用和撂荒的行为，农业种植的目的仅仅是维持务农家庭成员基本温饱问题的解决。分散经营和劳动效率低下等农业利用特点，决定了农地资源经济利益较低，会造成农地城市流转比率迅速攀升，最终导致耕地资源不断减少，严重威胁着国家粮食安全和生态安全，造成巨大的非市场社会效益和生态效益损失。

一、耕地资源数量

农地资源保护着重强调耕地资源的保护，本书用耕地资源的数量和质量问题来呈现农地资源保护现状。

从图1-1可以看出，2000—2008年全国耕地面积一直在减少，特别是2000—2004年耕地大幅度减少，2004年后减少趋势有所放缓。由此可见，我国农地保护政策，如农业补贴政策、基本农田保护制度、耕地占补平衡制度和土地用途管制制度等起到了一定的效果。2009年全国进行了土地第二次大调查，耕地面积真实数据得以确认，2009—2017年的耕地面积虽然较之前有所增加，但主要是统计口径的不同，并不意味着我国18亿亩耕地红线能得以保障，不用保护耕地资源，耕地面积减少的趋势依然存在。表1-1显示，2010—2017年耕地减少502.61千公顷，耕地平均每年减少62826公顷。

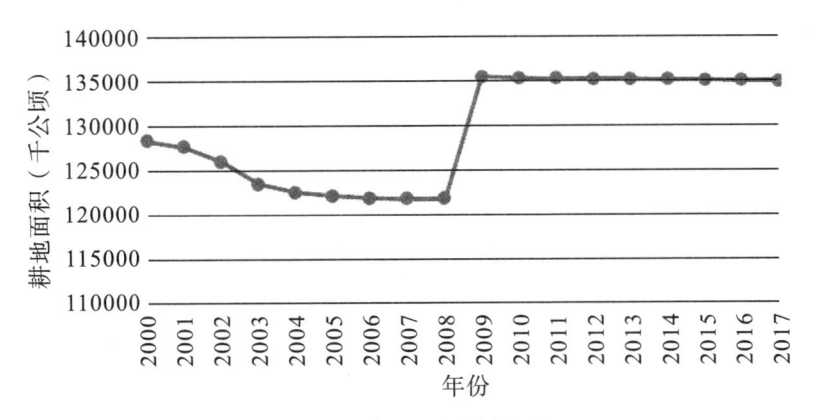

图 1-1 中国历年耕地面积

资料来源：历年《中国国土资源统计年鉴》。

耕地面积增加途径有土地整治、增减挂钩、工矿废弃地复垦以及农业结构调整；耕地面积减少的方式有耕地退化、建设占用、生态退耕、自然灾害损毁及农业结构调整等，我国耕地面积增减变动情况（表 1-1）显示耕地面积减少的主要方式是建设占用、灾毁耕地、生态退耕和农业结构调整四项内容。

表 1-1 我国 2000—2017 年耕地面积增减变动情况统计   单位：千公顷

年份	耕地增加面积	补充耕地	结构调整	耕地减少面积	建设占用	灾毁耕地	生态退耕	结构调整	耕地净减少量
2000	603.68	291.06	312.62	1566.04	163.26	61.74	762.82	578.22	962.36
2001	265.94	202.61	63.34	893.27	163.65	30.58	590.69	108.35	627.32
2002	341.19	260.76	80.43	2027.40	196.50	56.34	1425.55	349.01	1686.21
2003	343.60	310.81	32.80	2880.99	229.11	50.42	2237.31	364.15	2537.39
2004	530.37	345.63	184.74	1478.32	292.80	63.28	732.87	389.37	947.95
2005	622.90	306.67	316.23	984.53	212.11	53.50	390.32	328.60	361.63
2006	719.79	367.19	352.60	1026.59	258.54	35.86	339.39	392.79	306.80
2007	299.99	195.84	104.15	340.66	188.29	17.92	25.45	109.00	40.67
2008	258.71	229.61	29.10	278.01	191.57	24.80	7.60	54.04	19.31
2009	/	/	/	/	/	/	/	/	/
2010	314.93	261.09	53.84	429.19	329.08	45.93	8.72	45.45	114.26
2011	377.32	315.79	61.53	406.80	320.18	22.35	9.43	54.84	29.48

续表

年份	耕地增加面积	补充耕地	结构调整	耕地减少面积	建设占用	灾毁耕地	生态退耕	结构调整	耕地净减少量
2012	321.84	290.66	31.18	401.99	323.56	15.93	10.76	51.74	80.15
2013	359.61	337.65	21.96	354.74	292.65	6.65	7.73	47.71	−4.87
2014	280.65	244.69	35.96	387.99	334.10	2.38	2.67	48.84	107.34
2015	242.28	205.10	37.18	301.73	247.13	3.69	24.75	26.17	59.45
2016	268.15	234.13	34.03	345.02	253.76	6.30	52.02	32.94	76.87
2017	266.20	252.85	13.35	306.12	252.47	4.02	17.27	32.37	39.93

资料来源：根据历年《中国国土资源统计年鉴》整理所得。

由于2009年后耕地面积统计口径发生变化，因此，本书将2009年前后耕地面积增减变动情况分开考虑，数据见表1-1。耕地面积减少的四种方式中，建设占用所占比例逐年增加，而且形势日益严峻。2000年共减少耕地1566.04千公顷。其中建设占用耕地163.26千公顷，占耕地面积减少总量的10.43%；生态退耕762.82千公顷，占耕地面积减少总量的48.71%；结构调整减少耕地面积578.22千公顷，占耕地面积减少总量的36.92%。随着城镇化、工业化进程的推进，建设开发占用耕地问题日益突出。2007年建设占用耕地面积大幅度增加，占耕地面积减少总量的55.27%。2008年全国建设占用耕地面积达到191.57千公顷，灾毁耕地24.8千公顷，生态退耕7.60千公顷，农业结构调整减少耕地面积54.04千公顷，在耕地数量减少中建设占用比例为68.91%。从数据可知，2007年开始建设占用已经成为耕地面积减少的最主要原因，2014年建设占用达到耕地面积减少总量的86.11%，2014年后建设占用耕地数量比有所缓解，但2017年比例仍高达82.47%。

虽然农地城市流转是当今世界乡村城镇化过程中的一种普遍的社会经济现象，但我国人口众多，农地资源稀缺，农地城镇化发展需求旺盛，同时，我国农地经营规模较小，农地农用经济效益不高，在比较利益的驱使下，若不加以有效控制，农地城市流转必然加剧。

农业内部结构调整是按照市场需求合理配置土地资源，在农地地类之间相互转换，一般耕地转换成经济收益较高的园地、林地、草地和鱼塘等。虽然农业内部结构调整与转变对生态效益不会构成威胁，但"非粮化"倾向令人担忧。农业内部结构调整后土地用途虽然仍保持农业用途，但考虑到经济作物的经济价值要高于粮食作物，如果不能合理控制粮食作物和经济作物比重，长远来看，粮食安全存在不可小觑的隐患。

生态退耕曾经是我国耕地面积减少的最主要途径，根据土地利用变更调查数据，2000—2006 年每年生态退耕占耕地面积减少比例达到 33.00% 以上。2003 年国家开始实施退耕还林、退耕还草政策时，退耕占耕地面积减少比例高达 77.66%。生态退耕一般是退还不适宜耕作的耕地，缓解和减少耕地的水土流失、沙漠化，目的是改善农业质量和生态环境。2003 年后退耕数量开始呈现减少趋势，2007 年以后退耕减少耕地的数量占耕地面积减少总量的比重大幅度下降，因为在一定时期、一定技术下全国不宜耕作的耕地数量是一定的，后期则不再会有大量耕地资源退出。

尽管自然灾害造成耕地资源破坏数量占耕地减少总量比例较低，但仍是不可忽略的一部分。虽然灾毁具有不宜预判性和不确定性，但近几年来，随着我国抗灾能力的提升及国家的高度重视，我国灾毁耕地面积数量呈持续下降态势。

二、耕地资源质量

耕地数量在不断减少，耕地质量安全也令人担忧。耕地质量等级调查与评定把全国耕地质量等别分 15 个等级，其中 1 等地为质量最好的耕地，15 等是质量最差的耕地，最终全国耕地按照优等地、高等地、中等地和低等地 4 个等级来划分，其中 1~4 等为优等地，5~8 等为高等地，9~12 等为中等地，13~15 等为低等地。国土资源部公布的《2017 中国土地矿产海洋资源统计公报》数据显示：截至 2016 年末，全国耕地质量总体偏低，平均等级为 9.96 等。其中，优等地占全国耕地评定总面积的 2.90%，其面积为 389.91 万公顷；高等地占全国耕地评定总面积的 26.59%，其面积为 3579.57 万公顷；中等地占全国评定耕地面积的 52.72%，其面积为 7097.49 万公顷；低等地占全国耕地评定面积的 17.79%，其面积为 2395.41 万公顷。可见，耕地质量不容乐观，高等地及以上的耕地面积比重仅为 29.49%，不足耕地面积总量的三分之一，耕地质量主要以中等地为主，甚至部分地区耕地质量有下滑趋势。

农业污染具有污染范围广、隐蔽性强、不易被普通人监测、不容易控制的特点，成为制约农业发展的瓶颈。我国农业生产和生活活动涉及面较广，若我国农地出现污染，会对我国农业生产和生态环境产生较大影响。化肥、农药是一种物化的技术形式，能有效促进农作物增产增收，被广泛应用到现代农业生产中，但随着时间的推移，农药、化肥及地膜、农膜等现代化生产要素在农业利用中被过度依赖,使用量逐年增加,导致传统生产要素及工具变得日益稀缺和昂贵。中国化学性的现代生产要素使用量一直处于走高趋势,并且在使用过程中存在不同程度的施用结构和效率等方面的问题,仅仅关注短期经济效益,最终造成较为严重的后果。有研究表明,在诸多引致因素中,化肥、农药的大量施用正是农村面源污染的主要来源之一(高晶晶等,2019)。

我国化肥施用量上升趋势明显,中国统计年鉴数据显示,1991年全国农用地化肥施用量为2805.1万吨,而2017年化肥施用量飙升到5859.4万吨。国际上公认化肥安全施用量的上限为每公顷225千克,而我国农作物单位播种面积平均化肥施用量达到每公顷352.27千克,严重超过公认安全用量的警戒线。农药施用量也存在相同的问题,1991年我国农药总施用量为76.5万吨,2017年施用量达到165.51万吨,施用量翻了一番。农药施用目的是对危害农业资源的病、虫、草的一种预防、消灭或者控制。虽然施用在农作物上,但农药可以通过气体流动不断释放到空气中,若空气中含量太高将会对周围环境和人体健康产生了诸多不良影响。农药还可以通过水流和土壤进行迁移和沉淀,对人类健康造成破坏。在所施用的农药总量中,据研究者推算和估计仅有1%以下的比例能作用于病害源,直接起到杀害一定昆虫、真菌和其他危害作物生长的生物作用,其他大部分则进入环境或者残余到土壤和作物上(侯小凤等,2004)。同时当季农膜回收率也较低,以化石能源为核心的耕地利用方式,导致耕地的水循环功能、水质净化功能、过滤功能以及生物多样性等生态功能大幅度降低,已经严重影响了中国的粮食安全(孔祥斌,2020)。

据专业人士核算,全国耕地总面积中略有一半左右的耕地存在着不同程度的问题,较严重的是生态环境恶化和耕地质量不断下降,这两项问题所导致的直接和间接经济损失约为每年50亿元(杜伟、黄敏,2013)。我国2019年65个县(市)耕地健康产能综合评价结果显示,全国亚健康耕地占比约40%,耕地资源整体退化问题严重,突出表现为耕地破碎化严重、生物多样性和功能多样性下降,耕地生态系统比以前更加脆弱和不稳定(叶思菁等,2019)。因此,农地保护转型是必然,需要呼唤新的农地保护制度和农业生产模式。

第二节 研究问题提出与研究意义

一、农地保护问题提出

农地面积的减少和质量恶化必将威胁到国家粮食安全和农业发展。1994年，美国环境与可持续问题专家莱斯特·布朗在《世界观察》杂志上发表《谁来养活中国？》一文，发出"21世纪谁来养活中国"的惊呼，认为未来中国必将出现粮食短缺的危机，进而会影响全世界，造成世界性的粮食危机。事实证明，在始终坚持正确的粮食安全战略下，中国人能养活自己，也不会对世界粮食安全构成威胁，但此文引起我国专家、学者和政府对粮食安全和农地保护的高度关注。

究其原因，我国农地质量不高、田块破碎化、经营规模较小且农地农用报酬低，农业保持农用机会成本较高，导致农业劳动生产率和土地生产率之间的差距逐步拉大，农业处于竞争劣势，在比较利益的驱使下，若不加以有效控制，将直接诱发耕地的"非粮化""非农化"，甚至撂荒。农地资源的粮食安全功能、就业保障功能、生态效益功能受到不同程度的挑战。《中国统计年鉴（2018）》显示，2017年农业生产总值为58059.8亿元、农作物播种面积249498万亩，可知单位农作物播种面积农业产值为2327元。其经济收益仅仅是农民进城务工一个月的收入，种植农地所获经济收益较低，促使农民必须寻找提高经济收入的出路。城镇化建设给予农民较多发展机会，越来越多的农民正在涌向城镇。因此，农民与土地之间关系正悄然发生变化，越来越多的农业生产者正走出农村、脱离一直从事的农业生产活动，成为真正意义上的城市人。城镇化建设为农民提供了更多的就业机会和收入来源，但谁来种地和传承农业文化值得思考。

农地资源中耕地资源流失与粮食安全问题引发了众多学者对于我国现行农地保护绩效及措施的关注。事实上，针对农地资源开发与利用过程中出现的各种危机，我国政府对农地资源保护采取了一系列措施。1986年《中华人民共和国土地管理法》颁布，将保护耕地资源作为我国经济发展中的一项长期坚持的基本国策。经过不断地探索，实施了耕地总量动态平衡、基本农田保护和土地用途管制等土地保护制度，占用基本农田和耕地超过一定的数量需要国务院审批，在一段时期内，占用、乱用和滥用耕地等各种违法行为有所遏制，土地违法现象有所减少，但土地违法案例仍然存在。《2017中国土地矿产海洋资源统计公报》显示，2017年发现土地违法案件7.52万件，涉及土地面积2.98万公顷，同比分别增长1.6%和10.7%；立案查处违法用地案件4.81万件，涉及土地面积2.36万公顷，同比分别增长2.2%和8.9%；收回土地1939.3公顷，罚没款12.62亿元。王小斌和邵燕斐（2014）研究表明经济增长与土地违法行为具有较好的稳健性，以资源开发粗放式的经济发展导致经济建设过程中土地利用过度与超前开发。目前中国18亿亩耕地红线与各种行政管制政策虽然从制度层面为农地保护提供了重要的保障，但要改变现状还应当从经济利益分配结构及GDP绩效考核上进行调整与优化。

2013年中国国土资源公报显示，违法案件结构中按照违法案件件数，个人违法占68%、企事业单位违法占21%、行政违法占3%、村集体违法占8%；按照违法涉及土地面积，个人违法占23%、企事业单位违法占60%、行政违法占9%、村集体违法占8%，可见，个人和企事业单位是违法用地的主体。其实无论是政府还是个体，都能够深刻地认识到保护农地资源的重要性，但经济利益的驱动和城市化进程加快却使认识显得微不足道。

农业政策也会存在市场失灵之处，1997年农业经济学家加德纳（Gardner）就曾经质疑美国农地保护政策的有效性，并在研究中指出农地保护会产生福利非均衡问题，即对土地所有者产生暴溢（Windfall Gains）和暴损（Wipeout Losses）不一致性，保护农地的暴损将会导致保护者的积极性受到挫败，为了公平和效率，政策制定者应对利益受损者给予一定的补助，采用市场和政府相结合的福利补偿及转移政策。因此，我们必须转变思维方式，保障各方利益主体利益，强化保护主体的经济激励与责任约束。

二、农地保护外部性理论分析

对于农地提供给人类的价值可以按照其功能分为经济价值、生态价值、社会价值，可以按照物质产品形态分为有形物质价值与无形物质价值，也可按照生产要素的投入价值来决定资源价值。

按照农地功能和物质产品形态划分，农地经济价值就是以农地为载体的农业生产活动中为社会提供粮食、纤维和燃料等农产品所带来的价值，该价值所提供的产品是有形物质产品。农地社会价值是指农地对农民具有生活保障、提供就业所产生的价值和农地对国家具有粮食安全价值的总和。粮食事关国运民生，粮食安全是国家安全的重要基础，这也是国家进行农地保护的真正目的。粮食安全价值和农民社会保障价值在农业商品生产和交易体系中体现不出来，形成外部性。

农地生态价值是附加在农业生产活动中的调节气候、净化空气、美化环境、防止水土流失、维护物种多样性等方面所具有的功能价值，该价值关系到农地生态环境和生态可持续性。对于农地和农作物种植，农民有实际操作权，为获得较高经济利益，愿意花费较高的私人成本来控制病虫害、提高土壤肥力、建设农田水利基础设施等维护或提高农地地力，但农民面对公共产品问题，例如景观复杂性、防止水土流失、减少化肥和农药污染影响等，不会主动去考虑和解决，因为对农民来说解决公共产品问题成本很高，而且很难排除其他人获得服务。所以，生态价值只能由政府予以关注和提供服务。

农地各种价值是一种客观存在。在目前水平下，农地经济价值只是其总价值中比较小的一部分，土地所拥有的生态服务功能价值、社会保障功能价值被忽视，并排除于市场之外被全社会共享，形成农地保护外部性。

让我们试分析一下生产要素如何决定价值？

要获得某一农地资源价值必须对其投入一定劳动力、一定资本和技术，即经济学所说的劳动、土地、资本和技术四种生产要素。

$$Q = F(L,K,N,E)$$

即 Q 函数受到 L（劳动力）、K（资本）、N（土地）、E（技术水平能力）的影响与共同作用。按照福利经济学理论，各个生产要素对总价值的贡献可以从边际贡献率考虑，农地资源价值与每一生产要素的价值贡献为：

$$Q = \frac{\partial Q}{\partial L}L + \frac{\partial Q}{\partial K}K + \frac{\partial Q}{\partial N}N + \frac{\partial Q}{\partial E}E$$

即 $Q = Q_L + Q_K + Q_N + Q_E$，农地价值可以被四种要素的贡献完全分配。在一定技术水平下，农地质量相当的区域，规模报酬保持不变时，农地产生的价值可以完全被四种要素的对应价值量代替。

L 为劳动力，是农地种植、耕作、施肥、灌溉等行为的劳动者，在农地资源保护过程中为农地保护主体。

K 为资本，农业的资本可以分为直接资本与间接资本。直接资本是农地种植者投入农地中的农药、化肥、种子、农业机械化器具等购买与使用费用，这部分费用为种植者直接投入；间接资本是水渠、道路、土地平整等投入的资本，这部分投资为当地政府投资。

N 为农地面积，农地所有权主体是村集体经济组织，属于村全体居民所有，居民通过土地承包经营权获得承包和经营的农地，获得农地面积多寡在于村集体经济组织人员多少，人员多，单位家庭人均农地面积就比较少。若按照家庭来核算，取决于集体组织和个人家庭两因素。

E 为技术水平能力，主要指农地种植者的耕作水平、能力高低及农业部门技术推广培训和学习等。

按照每一种要素所涉及直接参与者的贡献，遵循谁投入谁获益，可以对四种要素所涉及的主体进行价值比例的再分配。

Q_L 价值应为农地保护主体全部获得，即该价值属于农地种植者。

Q_K 价值分为直接资本 K_1 和间接资本 K_2 两部分价值，K_1 价值属于农地种植者所有，K_2 为政府所有。

Q_N 价值为村集体经济组织所有，具体又属于全体集体经济组织成员。

Q_E 价值分为 E_1 和 E_2 两部分，其中 E_1 价值为农地种植者所有，E_2 价值为政府所有。

因此，在没有国土空间管控状态下，公平的农地资源产出价值又可以写成：

$$Q = Q_L + K_1 + K_2 + Q_N + E_1 + E_2$$

$$Q_{私人} = Q_L + K_1 + Q_N + E_1$$

$$Q_{社会} = K_2 + E_2$$

$$Q = Q_{私人} + Q_{社会}$$

在国土空间规划管制下，农地资源价值偏离公允点，$Q_{私人}$ 仅保留了 Q_L 及 K_1 价值，其他被全社会共享，特别是 E_1 价值不被社会承认，并把该部分价值归类于 Q_L 中。事实上农业不仅是第一产业，更是一种生活方式、一种文化，在长期的生产实践中农村居民不断总结经验，形成独特生产技能，经过农业技术人员的指导与研究，逐渐形成了现代农业生产模式，因此，农地种植者在农业技术形成和发展中有着重要作用，其价值不可忽视。Q_N 部分价值被全体社会成员共享，被社会成员共享部分价值及被忽视的技能价值就形成了农地资源保护的外部性。

农地资源提供给人类的价值无论按照功能分析，还是按照生产函数投入产出分析都存在外部性，被忽视且被共享的外部性供给将不断减少，如何使外部性的供给不减少而且得以继续供应？国内外研究者都致力于这个问题的研究，其中比较具有影响的思想是以庇古为代表的"政府干预"思路和以科斯为代表的"产权安排"思路。庇古解决这个问题通过征收庇古税，而科斯认为明晰产权主体间的协议与谈判可以达到外部性内化目的。Kroeger and Casey（2007）

认为建立一个外部性市场是解决外部性问题的方案。对于外部性问题解决——外部性内部化，即通过补偿、税收、签订协议或者自我联合的模式，使外部性生产者的私人成本等于社会成本。

三、研究意义

随着大量农村年轻剩余劳动力持续向城镇非农领域转移，农业老龄化、副业化日趋严重，"谁来种地""怎么种地"同样成为中国农业发展面临的现实问题。仓廪实，天下安。2016年我国提出了"藏粮于地、藏粮于技"战略，国家对耕地数量保护与质量提升做出了顶层设计与制度建设，但如何由被动保护耕地转向主动实施耕地保护与治理，迫切需要解决。耕地是关系十几亿人吃饭的大事，习近平总书记多次强调，粮食生产根本在耕地，必须牢牢守住耕地保护红线，绝不能闪失，中国人要把饭碗端在自己手里，而且要装自己的粮食；落实最严格耕地保护制度，要像保护大熊猫一样保护耕地。长期以来，我国政府一直采取"长牙齿"的硬措施来严格落实耕地保护制度，努力探索耕地保护的举措，划定"三区"（生态保育区、农业发展区和城镇发展区）、"三线"（生态保护红线、永久基本农田保护红线和城镇开发边界），着力构建国土"三生"空间布局。然而，面对耕地资源约束趋紧、农业面源污染严峻问题，政府部门也认识到单纯依靠数量指标或规划手段对耕地保护管控作用有限，生态补偿作为一项维持经济与生态可持续发展的主要措施应运而生。

保护生态补偿是对具有生态屏障重要功能的产品价值进行支付，让生态产品的消费者支付相应费用，生态产品的提供者获得报酬，通过一定的政策、法律手段实现生态保护外部性的内部化。

早在1996年《国务院关于环境保护若干问题的决定》提出了建立并完善有偿使用自然资源和恢复生态环境的经济补偿机制。

2005年12月《国务院关于落实科学发展观加强环境保护的决定》指出按照谁开发谁保护、谁受益谁补偿的原则，尽快建立生态补偿机制，中央和地方转移支付应考虑生态补偿因素，国家和地方可分别开展生态补偿试点。

2010年《全国主体功能区规划》强调重点生态功能区要把增强提供生态产品能力作为首要任务，同时可适度发展不影响主体功能的适宜产业。

2011年3月《中华人民共和国国民经济和社会发展第十二个五年规划纲要》提出研究设立国家生态补偿专项资金，要积极鼓励、引导和探索生态补偿政策，其中补偿涉及开发地区对保护地区及生态受益地区对生态保护地区的生态补偿。

2012年党的十八大报告提出了大力推进生态文明建设，建立生态补偿制度，给后代留下青山绿水的重大战略主张。

2016年3月《中华人民共和国国民经济和社会发展第十三个五年规划纲要》提出加大对农产品主产区和重点生态功能区的转移支付力度，强化激励性补偿，建立横向和流域生态补偿机制。同年5月《国务院办公厅关于健全生态保护补偿机制的意见》提出到2020年实现森林等七个重点领域和禁止开发区域、重点生态功能区等重要区域生态保护补偿全覆盖，补偿水平与经济社会发展状况相适应，跨地区、跨流域补偿试点示范取得明显进展，多元化补偿机制初步建立，基本建立符合我国国情的生态保护补偿制度体系。

2017年党的十九大报告提出要提升生态系统的质量和稳定性。完成生态保护红线、永久基本农田、城镇开发边界三条控制线划定工作。完善天然林保护制度，扩大退耕还林还草。严格保护耕地，扩大轮作休耕试点，健全耕地草原森林河流湖泊休养生息制度，建立市场化、多元化生态补偿机制。

2018年12月，国家发展和改革委员会、财政部、自然资源部、生态环境部、水利部、农业农村部、人民银行、国家市场监管总局、国家林草局等9部门联合印发了《建立市场化、多元化生态保护补偿机制行动计划》。

2021年中共中央办公厅、国务院办公厅印发了《关于深化生态保护补偿制度改革的意见》。

可见，农地生态补偿已受到国家和政府决策者的高度重视，也是国家推进生态文明建设、优化国土空间、提升农地保护内生动力的迫切需要，具有较强的现实意义和应用价值。

为了响应国家号召，个别城市进行耕地保护基金试点，一些保护基金虽然给予农户保护补偿，在一定程度上调动了农户保护的积极性和主动性，但补偿的标准缺乏依据，补偿理论及补偿意义没有得到诠释，补偿仅仅是耕地价格的标识，没有认识到耕地生态服务价值及没有起到激励耕地生态服务产品的有效供给作用，而且补偿仅仅针对相关利益群体中的一员，其他群体的利益没有给予保障。农地资源保护外部性的存在可能会导致政府政策失灵，导致社会分配不公以及由此引发民众整体福利水平下降。如何通过经济政策、财政政策、技术支持等政策工具，考虑农地保护补偿的量化标准、利益集团之间的相互作用及个体和群体之间的相互作用，对福利受损者采用市场和政府相结合的补偿及与此相应的经济诱因和具有效率的法制安排及政策值得探讨。

因此，该研究具有重要的理论与实践意义：①农地生态补偿的核心是生态产品和服务的外溢，无论是运用非市场的陈述偏好、揭示偏好方法还是代替市场价值评估法，都离不开对外部性及空间外部性的讨论，研究有利于完善和丰富农地保护空间外部性理论内涵和深化农地生态补偿的内涵，为耕地保护基金的实施提供合理依据；②宏观和中观国土空间载体农地保护和补偿以及区域经济和资源环境协同发展机制是一个复杂的系统工程，研究必须用系统性的观点讨论发展区域要素流动和财政转移，形成一个较为完整的协同体系，突破已有研究范式，具有一定的理论价值；③通过对成都、上海浦东、浙江、苏州等耕地保护基金、生态补偿制度及轮作休耕试点区域自下而上的地方实践经验的总结与事后评估，提炼和完善全国的耕地生态补偿制度与政策，为国家粮食安全、生态安全及农民基本权益保障等提供理论与实践支撑，使开展的农地资源保护与管理决策更具有科学性。

第二章　国内外研究进展及农地保护实践

第一节　国内外研究进展及评述

一、国内外研究进展

国内外农地保护外部性及内部化的相关研究特性与趋势可以归纳为以下几种。

（一）从农地外部性识别、界定到外部性测度及量化

联合国粮农组织针对发展中国家提出了农业多功能价值，指出农业具有粮食安全、经济功能、环境外部性和社会功能。世界银行在阐述农业的重要地位中指出农业作为一种谋生手段，能提高大量人员的就业机会和提供相当于社会福利的保障；同时也指出农业作为环境功能提供者，具有正面积极作用和负面消极作用的双重功能。美国的农业经济学家 Gardner 认为农业的重要功能和作用不言而喻，保护农地能起到保障国家和社会粮食安全作用，对农村天然生态系统环境的维护有重要作用，关键还能促使城市和乡村土地利用效率的提高（Lynch，2001），而所有这些功能和好处都外溢于经济效益。运用庇古思想，通过私人成本与社会成本、私人收益和社会收益两对商品交易中考虑的因素是否一致作出外部性的评判，若不一致则存在外部性，这也是判别外部性存在的方式及方法。农地资源所产生的生态产品的无形性和流动交叉性以及扩散的复杂性等特点，决定了其在现有的市场交易体系中难以体现。除经济效益之外，社会效益、生态效益外溢于其他主体，被社会共享。

很多农业外部效益的评价都是基于农业生态服务系统功能，比如景观、生态、娱乐等方面的功能进行评价的，但农户保护农地外部效益如何货币化，其

价值量究竟有多大，是一个世界性难解之谜（陈美球等，2010）。针对无形的生态服务产品，经济学家探究了一些超越传统市场的技术——非市场价值法，比如旅行成本法（Travel Cost Method，TCM）、资产内涵价值法（Hedonic Price Method，HPM）、条件价值评估法（Contingent Valuation Method，CVM）和选择实验法（Choice Modeling，CM）等来估计环境物品所带来的福利和成本。日本1980年对农地农用及森林的公益功能进行评价；1991年又对水田带来的各种外部效益进行评价，评价方法选用享乐价值指数法；1998年学者们通过对农业与农村的多种功能评估，认为农业外部经济效益远大于大米的总产值（吕耀、章予舒，2007）。对于农地景观价值研究，Drake（1992）评估出瑞典农地景观所产生的非市场价值为每公顷975克朗；Hackl和Pruckner两位研究者探讨旅游者愿意为了乡村优美及舒适的环境景观支付费用，研究结果显示澳大利亚农业景观支付意愿额度已经超出当地农业环境补贴标准（Hackl and Pruckner，1997）。特征价值法同样能评估生态环境的非市场价值，Mahan（2000）等尝试用此方法评估湿地非市场价值。

国内农地保护外部性及其量化研究始于农地资源多功能性，农地资源承担经济产出、社会服务、生态服务等多重功能，粮食生产功能是农地资源最基本的功能，甚至还有历史文化承载、认知价值和审美价值等价值或功能。蔡运龙等（2006）根据耕地功能性提出耕地资源的经济价值、生态价值和社会保障价值。廖和平等（2011）认为除经济价值、社会保障价值和生态环境价值之外，还有发展权价值、国家粮食安全战略价值。在量化方法上，国内学者利用谢高地等（2003，2015）在Costanza研究基础上制定的中国陆地生态系统服务价值当量因子进行核算。牛海鹏和张安录（2010）运用当量因子法和替代成本法测算了耕地利用的生态社会效益理论值；刘利花和杨彬如（2019）以中国各省为例，采用当量因子和功能价值相结合的方法，全面系统地分析了中国各省耕地生态系统服务的正、负面价值；熊鹰（2021）基于单位面积价值当量因子法，测得2002—2017年四川省农业生态系统服务价值的实际值。

同时基于粮食安全、社会保障价值的替代成本法得到广泛应用。车裕斌（2004）、胡蓉等（2013）、魏军才等（2020）分别利用替代成本法对耕地失业保障价值、社会稳定价值以及粮食安全价值进行核算，如将市场上的氧气和水的价格作为耕地释放氧气价值和涵养水源价值的影子价格；以耕地开垦费、耕地熟化过程的收益损失为依据测算耕地的社会稳定价值。

陈述偏好方法中有条件价值法和选择实验法评价技术，其中条件价值法评价较多。蔡银莺和张安录（2007，2011）、宋敏等（2012）、牛海鹏等（2014）、马爱慧等（2012）、杨欣等（2017）从不同角度量化了耕地保护的外部性效益，为外部性内化的解决以及生态补偿机制建立提供了一定参考，当然补偿标准的确定还需要考虑支付能力（郑海霞等，2006；张翼飞等，2007）、土地资源特征、环境背景和主体对生态环境的认知等因素。

（二）从农地资源保护所产生整体外部性到区域外部性的空间与时间性

通过外部性理论可知，土地资源利用过程中由于外部性的存在，土地资源配置存在无效率现象。在解决外部性的手段与工具中，生态服务付费或者生态补偿是一种调整相关利益者经济分配的激励手段，对生态服务供给者给予经济补偿，对生态服务需求者进行收费，从而达到对正外部性供给的激励、负外部性的约束作用。该政策逐步发展成为较受欢迎的解决外部性问题的市场激励工具与手段。生态服务的供给不足和需求不断加大的矛盾，不断推动生态补偿制度建立。然而外部性具有空间性和时间性，倘若机制建立时缺乏空间和时间差异性的考量，同样会造成效率的丧失（Lewis and Bradford，2008）。农地资源同样也具有空间外部性，存在区域间相互作用和影响，无论是在发展中国家还是发达国家，空间外部性影响到利益相关者的决策，进而影响到土地开发与利用。空间外部性影响多寡取决于两经济主体距离远近程度，同时也说明了土地利用过程中外部性的影响具有边界性，距离土地利用空间范围越远，土地利用对其产生的影响效应就越弱。Parker（2007）针对这种影响提出了边缘效应。对于空间外部性的认识和理解有助于土地利用最优配置和空间异质解决，在某一空间范围内的土地利用中，存在外部性转移可能性，基于公平与效率原则，需要重新界定众多利益相关者之间经济利益关系，就形成了补贴和收费制度。例如，土地利用模式选择中有传统农业与现代有机农业两种，在土地利用中农场主有权利选择传统生产方式进行耕作或者采用现代有机农业进行生产，两种方式所承担的生产成本不同。有机农业生产的种植者需要承担高额生产成本，但该模式具有可持续性，将会有正外部性溢出；若选择传统农业生产，则其生产成本较低，但该模式下将会有大量的负外部成本溢出。若两种土地利用模式距离较近，两者之间将会相互影响与渗透。

事实上，20世纪60年代以来，很多研究者都非常重视生态系统服务。Lars Hein et al.（2006）根据生态系统服务特点，把生态系统服务分为不同空间尺度，并研究每个空间尺度所对应的利益相关者。资源环境的复杂传播性决定了空间尺度范围不同，空间范围可以是全球，也可以是区域，甚至可以是微观地块。例如，自然保护区的湿地生态系统可以提供包括芦苇、渔业中水产动植物产品等在内的物质产品，也可以提供观赏、娱乐和自然生态系统的维护等功能。按照湿地所提供的产品与服务，可知芦苇和渔业中水产动植物产品等物质产品的受益者仅是湿地地区，观赏及娱乐价值则可能会扩大到市级和省级尺度，而自然生态系统维护服务范围尺度所涉及的利益相关者可能是整个国家，甚至是全球。生态系统服务在不同空间尺度和时间序列，利益相关者可能获利或者损失具有异质性，当考虑农地资源价值尺度时，就必须考虑时间和空间异质性，空间异质和时间性考察能确保相关利益群体得到公平合理分配补偿机制。一方面，由于区域间、区域内生态系统服务移动与扩散，生态服务价值将在不同尺度发展转移，可能涉及跨流域、跨行政边界等问题。Loomis（2000）尝试用支付意愿方法分析外溢空间范围。牛海鹏（2016）和高攀等（2019）揭示了县级、市级和省级耕地保护外部性尺度效应和补偿标准。另一方面，有效生产要素向优化和重点开发区流动，加剧了禁止和限制区域发展机会，为协调功能区间保护成本分担与生态服务享用，应建立差别化的跨区域财政转移支付（贾舒娴等，2017；单云慧，2021）。当然资源保护具有时间性，从伦理道德上讲，生态系统服务不仅属于当代，也包含后代，资源保护和天然生态环境维护应具有历史延续性，在代际之间公平分配。

（三）从农地保护外部效益定性与定量分析到外部性的空间外溢边界的界定

外部性的量化一直是一个难点，而农户农地保护的外部空间外溢边界界定尤为困难，而且生态系统复杂性及动态空间的异质性，致使界定难度进一步加大。诸如商品贸易、要素流动与扩散等相互作用，致使外部性具有空间特性。生态产品的空间流动和扩散边界与行政边界存在不一致性，空间环境外溢具有不确定特性。空间外部性作为外部性的一种，也会影响社会资源的最优配置。空间外溢依赖于距离，距离土地利用越远，土地利用外部性影响越弱。外部性作用边界的界定能较好确定农地保护总体外部性、区内和区际外部性，并分析不同外部性作用边界和不同自然经济社会条件下的农地保护外部性的差异性。因此，外部性作用边界的多层次性特征测度与界定能更好地促进相关利益主体福利均衡，实现空间外部效益的转移。区内外部性和区际外部性在空间上可以引入距离，在一定程度上距离外部性源头的远近与外部性的影响呈正比，离源头距离越近所受外部性的影响越大，反之则影响越小。因此在分析空间外部性的影响时一方面要确定区域的边界，另一方面要确定区域间的距离。外部性作用边界不具有确定性，可能跨越行政边界也可能在行政边界范围之内，即外部性影响边界和行政边界可能存在明显不一致的情景，有时生态系统服务的流动跨越了行政区域的边界，影响到经济社会活动的决策及其空间格局。综上所述，空间外部性的边界很难用一个具体的数字来衡量，科斯与庇古两位学者很早就边界问题在争论。庇古没有关注外部性的相关作用与影响；而科斯则认为外部性问题存在相互性，却否认外部性的边界问题。外部性肯定是存在边界的，但这个边界在实践中很难准确地确定，由于区域与区域之间以及区域内部生态系统的移动与扩散、影响的相互性与复杂性，导致量化困难。Loomis（2000）研究空间外部性的影响范围时用受访者的支付意愿为0的点来界定区域外部性边界。在此基础上，其他学者也尝试用支付意愿确定外部性在空间上的影响与扩散。在准确量化困难情况下，Loomis及其他学者给研究提供了一种思路和假定方法。

（四）从农地保护外部性内化到土地产权制度、效率与生态扶贫、区域协同等国家发展战略的研究

部分学者认为财产权界定不明晰、边界模糊是导致自然资源不合理利用和价值被低估的主要诱因。有些学者（如蔡银莺、张安录，2010）则认为产权安排不合理导致制度弱化，是相关利益群体经济福利受损的根源。政府采取了行政手段对相关区域进行管理，限制该区域的土地开发利用活动，造成该区域土地产权相关者的福利损失，因此，对限制发展地区来说确实存在着缺失公平的争议。规划管制制度的实施将土地资源分为生态资源优势区和经济发展优势区，造成了管制区域内外耕地保护权责的不对等（宋敏、金贵，2019）。毋庸置疑的是中国土地用途管制制度对农地保护有着较强的积极效应，但规制对财产权的约束造成区域价值差异化明显，从而造成区域间福利的非均衡化，因此为了提高全民福利和提升管理效率，众多研究者认为农地规划管制受限应当给予一定的损失补偿（李海燕、蔡银莺，2016；余亮亮、蔡银莺，2017；宋敏、金贵，2019；马爱慧、唐鹏，2020）。

国外研究者把农地保护与农业环境政策和农地保护政策相结合。美国为应对城市化对土地的侵蚀，采取分区管制制度，但分区管制激励作用不足，导致城市周边大量优质农地流失。20世纪60年代，可转移发展权购买出现在市场交易中，土地开发权转让制度也进入大众视野。美国地方政府利用预算储备、销售税、房地产转移税等筹集资金购买发展权。随着政策制度的发展与完善，发展权转移与购买不再局限于保护农地，扩展到生态环境保护、历史遗迹保护

等方面（王大鹏、杨佳妮，2019）。总之，目前土地发展权购买制度和土地发展权转移制度是针对产权不公产生的市场政策工具，给予保护者一定激励，起到调节保护者和享用者之间经济利益的作用。当然政策经济激励是需要资金支持的，西方国家充分利用市场机制和多渠道的融资体系，取得经济激励所需要的资金，从而减少政府直接财政转移压力，初步建立起生态补偿的政策与制度框架。

补偿标准、参与度、交易成本等都是影响补偿效率的重要因素，无差别的补偿会影响补偿激励作用（毕淑娜，2018），同时政府主导的补偿，难以体现个体的贡献程度，将会出现"搭便车"现象。许多农业环境项目的经济激励措施未能充分发挥作用，原因主要是保护沉没成本以及未来回报预期的不确定性，同时由于存在补贴设计过于简单（Brown et al.，2021）、资金结构不合理等，保护性技术农业采纳的促进作用有限。对此有学者提出在农民采纳耕地保护措施或转变耕地行为的过渡期间，短期内私人盈利能力受损的风险应由政府的经济激励予以弥补。国内学者（余亮亮等，2015；张冬雪、牛海鹏，2018；徐济益、王晓静，2020）分别从农户满意度、政策执行角度对补偿的效率进行测度。农户在与政府或者企业签订合约时存在信息不对称，同样受到道德风险与信用风险困扰。

在农地补偿与生态扶贫、乡村振兴、区域协同等国家发展战略结合研究方面，学者们重点研究生态补偿对绿色减贫和生态扶贫的促进作用（袁梁等，2017）、路径选择（甘庭宇，2018）、面临困境等。此外，农地保护的区域数量多寡导致区域发展非均衡以及生态补偿实施需要明确利益相关者权责利问题，区域间如何协调与合作促进区域发展相对均衡化，从而引出了区域协同发展议题的讨论。

二、国内外研究评述

随着人们对资源环境经济研究的深化以及对农地外部效益的理解，研究者已认识到农地外部性所产生问题的广泛性和严重性，也基本认同农地生态功能、社会功能外溢于全社会，理应给予农地种植者和保护者适当补偿。但国内外关于农地保护所产生外部性的研究尚有三个方面问题待探讨：

（1）农地保护的外部性整体与空间上核算及空间扩散机制、时空影响程度的研究。农地保护过程中，非市场价值外溢、外溢量如何准确度量以及所产生空间效益如何在不同相关利益主体间转移，转移量如何核算以及外部效益的空间外溢的距离函数衰减递变规律等，都需要进一步深入研究。

（2）由于外部性来源及构成比较复杂，而且空间外部性之间具有互补和相互干扰性，农地保护外部性整体性与区域空间外部性转移之间关系如何，是否所有转移之和即为整体？一般研究者经常会用分解求和法来评估外部性的综合影响，比如，经济价值、生态价值和社会保障价值总和即为农地所产生的总价值，即认为整体与部分之间是线性的且具有可加性，但在相加过程中因素之间的重复和相互作用可能造成计算有误。

（3）农地保护外部性内化的补偿制度研究领域与尺度进一步拓宽与深化。从农地保护数量上的生态补偿到农地保护数量、质量一体化的生态补偿，从农地非农化流转生态补偿到农地非粮化的生态补偿，从农地属地生态补偿到跨区域空间尺度耕地生态补偿，但补偿机制的建立是一项复杂而长期的系统工程，需要与行政管理制度、财税制度等区域发展政策相关联，不能就补偿而补偿，同时要辅助权、责、利等方面的制度设计。就目前农地生态补偿实施的现实性而言，当前研究注重农地保护者（被补偿者）的利益分配，而忽视相应责任分担，注重数量上的补偿而忽视质量上的补偿。同时现有多数研究从微观和中观角度去探讨农地生态补偿，虽然符合农地资源的异质性，但区域间政策机制割裂，项目非覆盖及项目行政单元外"两重天"，如何避免"一刀切"制度顶层设计同样至关重要。同时大部分利益相关者仅把利益分配或者补偿看作政府给予的价格扶持，而不是生态服务的有效供给，因此，有效的政策体系和制度安排显得尤为重要。

第二节 我国农地保护政策与实践

一、我国农地保护政策发展历程

随着中国经济发展、城市化和工业化的进程日益加快，如何应对耕地资源数量不断减少、耕地质量不断下降所带来的粮食和生态安全问题已成为政府部门亟待解决的重要课题。1986年颁布的《中华人民共和国土地管理法》明确提出了乱占、滥用和破坏耕地违法行为。同年下发的《中共中央、国务院关于加强土地管理、制止乱占耕地的通知》首次提出要运用"经济手段"来辅助行政手段，达到制止耕地资源破坏的目的，但经济手段仅仅是对一些行为的罚款。随着中国经济高速发展，耕地资源减少趋势愈演愈烈，必须加大立法和执法能力建设。1998年以立法形式确定了我国的基本国策——十分珍惜、合理利用土地和切实保护耕地。

随着经济的快速发展，土地过度开发利用也带来了日益严重的生态环境问题，比如水土流失、荒漠化、盐碱化、地下水位下降等。面对众多环境问题，1998年《中共中央关于农业和农村工作若干重大问题的决定》指出，"禁止毁林毁草开荒和围湖造田。对过度开垦、围垦的土地，要有计划有步骤地还林、还草、还湖"，并于1999年开始退耕还林还草政策试点，也进一步说明国家开始关注生态环境及效益问题。2000年、2002年，国务院相继发布了《关于进一步做好退耕还林还草试点的工作的若干意见》《退耕还林条例》，进一步明确退耕还林还草细节问题。结合试点工作意见和条例政策，我国部署退耕还林10年规划，按照规划在10年内退耕还林面积将达到530万公顷，控制水土流失面积达到3600万公顷（中国生态补偿机制与政策研究课题组，2007），同时向退耕还林农户实施一些惠民政策，比如提供每公顷300元的粮食补贴和现金补助，以改善退耕还林区生态环境和促进农民收入提高。2007年发布《国务院关于完善退耕还林政策的通知》，继续对退耕农户直接补助。现行退耕还林粮食和生活费补助期满后，中央财政安排资金继续对退耕农户给予适当的现金补助，解决退耕农户当前生活困难。在总结过去的经验教训和巩固退耕还林还草成果基础上，2014年下发了《关于印发新一轮退耕还林还草总体方案的通知》。退耕还林还草工程是中国对于生态环境建设作出的重大战略方针，对生态建设区域采取补偿或者补助措施，这一举措不仅有效控制了生态环境恶化，而且对地力恢复和保护、实现生态效益和经济效益"双赢"的目标起到了显著作用。

2003年12月《关于促进农民增加收入若干政策的意见》提到为保护种粮农民利益，要建立对农民的直接补贴制度。2004年，国家从粮食风险基金中拿出部分资金，用于主产区种粮农民的直接补贴。该政策开启农业补贴的先河，对中国农业发展具有划时代意义。同时文件提出要进一步降低农业税税率或免征农业税，进一步减轻农民负担。这个时期形成了围绕农业发展、农民增收、农地保护为主要目标的农业补贴体系，补贴覆盖范围包括基础设施、良种、农机具、农产品加工、农业养殖甚至农产品价格等。

从农地补贴政策开始到国家农地保护补偿机制与市场机制相结合，可以看出农地保护补偿政策与国家发展思路是渐进式的。

2008年党的十七届三中全会通过了《中共中央关于推进农村改革发展若

干重大问题的决定》，提出加快中低产田改造，鼓励农民开展土壤改良和保护性耕作，要对基本农田进行保护，建立补偿制度，确保基本农田总量不减少、用途不改变、质量有提高。随后 2009 年的中央一号文件《中共中央 国务院关于 2009 年促进农业稳定发展农民持续增收的若干意见》提出尽快出台具体的基本农田保护补偿办法方案。2009 年 12 月国土资源部、农业部联合下发《关于划定基本农田实行永久保护的通知》，强化基本农田保护和建设，提高基本农田质量，探索经济补偿机制，激发各地保护工作积极性。全国各地针对耕地保护补偿进行了有益的尝试，并获得一些经验。比如 2008 年成都市率先实施耕地保护基金制度，制度内容是对承担耕地保护责任的农户或者集体经济组织给予补贴，并在补贴发放时与农民养老保险金相结合。在该制度的推动和引领下，其他区域也相继开展了耕地保护补偿的尝试。2009 年全国耕地保护补偿工作进入多点开花的实践探索阶段。上海市在浦东区和闵行区对其辖域范围内基本农田给予补贴和奖励，建立基本农田保护制度；随着广东佛山南海区耕地保护补偿制度试点成功，2010 年 4 月保护补偿制度在广东其他区县全面实施。2010 年 7 月苏州市也在文件中明确表示将基本农田纳入生态补偿机制中，并印发了《关于建立生态补偿机制的意见（试行）》。苏州市生态补偿试行意见中提出对耕作的农民进行补偿，并建立耕地保护专项资金制度，专项基金主要用于土地复垦和整理、高标准农田建设及对土地流转的新型经营主体的补贴，所以说耕作农户的补偿和流转中的新型经营主体的补偿资金不同。

2012 年中国共产党十八大报告指出要建立体现生态价值和代际补偿的资源有偿使用制度，该报告把耕地保护制度上升到生态文明建设高度上。

2013 年《中共中央 国务院关于加快发展现代农业，进一步增强农村发展活力的若干意见》提出完善耕地保护补偿、生态补偿的管理办法，2013 年中国共产党十八届三中全会报告指出要遵循谁受益、谁补偿原则，在完善补偿基础上，提出跨区域的横向补偿的模式与思路。

2014 年《关于全面深化农村改革加快推进农业现代化的若干意见》提出要继续坚持补偿制度建设，完善已有的补偿机制，比如粮食主产区、森林、草原、水土保持等利益补偿制度，并在此基础上进一步拓宽补偿范围，补偿延伸到耕地领域。

2015 年《关于加大改革创新力度加快农业现代化建设的若干意见》指出要提高农业补贴政策的效能作用，健全粮食主产区利益补偿、全国的耕地保护补偿、生态补偿制度。随着国家农业保护政策的发展与不断深化，进一步明确了我国耕地保护制度思路与方向。

2016年中共中央、国务院《关于落实发展新理念加快农业现代化实现全面小康目标的若干意见》提出坚持最严格的耕地保护制度，落实和完善耕地占补平衡制度，完善耕地保护补偿机制，实施耕地质量保护与提升行动。

2017年中共中央、国务院《关于深入推进农业供给侧结构性改革加快培育农业农村发展新动能的若干意见》提出进一步提高农业补贴政策的指向性和精准性，重点对粮食主产区、适度规模经营区、农民收入及绿色生态农业进行补贴，深入推进农业"三项补贴"制度改革，完善粮食主产区利益补偿机制，深入实施新一轮草原生态保护补助奖励政策，健全林业补贴政策，扩大湿地生态效益补偿实施范围。

2018年中共中央、国务院《关于实施乡村振兴战略的意见》提出要健全耕地草原森林河流湖泊休养生息制度，扩大耕地轮作休耕制度试点，继续开展退耕还湿，扩大退耕还林还草、退牧还草，加大重点生态功能区转移支付力度，完善生态保护成效与资金分配挂钩的激励约束机制。健全地区间、流域上下游之间横向生态保护补偿机制，探索建立生态产品购买、森林碳汇等市场化补偿制度。

2019年中共中央、国务院《关于坚持农业农村优先发展做好"三农"工作的若干意见》提出发挥粮食主产区优势，完善粮食主产区利益补偿机制。严守18亿亩耕地红线，确保永久基本农田保持在15.46亿亩以上。开展湿地生态效益补偿和退耕还湿，扩大退耕还林还草，稳步实施退牧还草。2020年国家又进一步提出完善农业补贴政策。可见，耕地保护、农业补贴和保护补偿制度一直受到中共中央、国务院的高度重视，成为历年中央一号文件的重要内容。

2019年8月26日，《中华人民共和国土地管理法》修正案通过，自2020年1月1日起实施。该法将"基本农田"的表述改为"永久基本农田"，反映出我国对基本农田永久保护的态度和决心。

二、我国农业补贴政策

农业补贴是世界各国政府最主要、最常用的支持本国农业与进行农业保护的政策工具，通常是通过财政手段对农业生产、流通和贸易进行转移支付。WTO《农业协定》由市场准入、国内支持和出口补贴三大支柱构成，根据国内支持对生产和农业的影响扭曲程度，将国内支持措施划分为造成贸易扭曲的"受削减承诺约束"的"黄箱政策"、不扭曲或者扭曲作用很小的"免于削减承诺约束"的"绿箱政策"以及介于"黄箱政策"与"绿箱政策"之间"蓝箱政策",因此,农业保护政策出现新的格局,从国家的价格支持转向国家直接补贴方式。《农业协定》还要求发达国家将农业补贴的支持数额控制在生产总额的5%之内,发展中国家可以放宽到10%。"绿箱政策"的措施对生产影响很小,并不会直接给生产者提供价格支持作用,补贴措施主要包括由公共基金或财政开支所提供的一般性农业生产服务(如农业科学研究、病虫害防治、农田基础设施等)、保障粮食安全而支付的储存费用、粮食补贴、一般性农业收入保障补贴、自然灾害救治补贴、农业生产资源储备补贴以及农业生产结构调整性投资补贴等。

改革开放以来,中国农业发展和粮食生产取得了举世瞩目的成绩,粮食产能一直稳步提升,这些成绩与出台的农地保护制度和政策密不可分,特别是影响广泛和直接的农业税收减免、直接补贴等各种农业补贴政策。

我国农业发展经历了农业课税到农业补贴的转换,也体现了我国农业经济发展历程。2004年是中国农业发展史上的转折点,为给农民减负,中央决定除烟叶税外免征其他农业税。随着农业税减免试点进行,又开始对农民进行补贴,从课税到补贴对中国农民来说是历史性的转折。时任国务院总理温家宝在政府工作报告中提到农村税费改革不仅取消了原先336亿元的农业税赋,而且取消了700多亿元的"三提五统"和农村教育集资等,还取消了各种不合理收费,农民得到了很大的实惠。这对中国农业发展来说,具有划时代意义,不仅不收农业赋税,而且还对农民进行农业补贴,对农民来说是重大利好。

2005年中共中央、国务院《关于进一步加强农村工作提高农业综合生产能力若干政策的意见》指出对种粮农民实行直接补贴,对部分地区农民实行良种补贴和农机具购置补贴。这是党中央、国务院为加强农业和粮食生产采取的重大措施。至此,我国初步形成了以种粮直接补贴、农资综合补贴、良种补贴及农机具购置优惠补贴为主的农业补贴政策,其主要目的是确保粮食安全,通过补贴发放增强弱势产业竞争力和提高民众的保护意识。

财政部在《关于2006年中央和地方预算执行情况与2007年中央和地方预算草案的报告》中指出,2006年我国累计发放的农业补贴资金高达188.7亿元,其中良种补贴40.7亿元,粮食直补资金和农机具购置补贴资金分别是142亿元和6亿元。毋庸置疑,农业补贴政策对农地保护产生了积极的效果,但研究表明农业生产效率并没有显著提升(薛信阳等,2018),同时财政支持力度依然有限(何雯,2019)。补贴占农民种粮收入的比例较小,缺乏边际激励效应,对稳定农民种粮收入的作用不明显,同时还增加了政府经济负担(甄霖等，2017）。总之，农业补贴政策提升了大众对我国农业的关注，但也存在一些问题。首先，大多数农民认为这些补偿措施及政策，比如粮食补贴政策，仅是政府帮助农民增收的惠农政策，并未意识到耕地保护对于生态环境的重要意义。其次，全国补贴总额虽然较大，但农民数量众多、耕地面积基数较大，实际上每人每亩地获得补贴较少，而且补贴标准的制定缺乏充分的市场调研与依据，农户不会因补贴额度而拒绝土地流转带来的经济诱惑。

农业"三项补贴"政策效应递减，政策效能逐步降低。在多数地方，农业"三项补贴"已经演变成为农民的收入补贴。一些农民即使不种粮或者不种地，也能得到补贴；而真正从事粮食生产的种粮大户、家庭农场、农民合作社等新型经营主体，却很难得到除自己承包耕地之外的补贴支持。2015年财政部和农业部《关于调整完善农业三项补贴政策的指导意见》决定从2015年调整完善农作物良种补贴、种粮农民直接补贴和农资综合补贴等三项补贴政策。2015年，财政部、农业部选择安徽、山东、湖南、四川和浙江等5个省开展农业"三项补贴"改革试点，试点的主要内容是将农业"三项补贴"合并为"农业支持保护补贴"，政策目标调整为支持耕地地力保护和粮食适度规模经营。2016年财政部、农业部印发了《关于全面推广农业支持保护补贴通知》，全国全面开始实施农业支持保护补贴政策。

三、典型地区耕地保护补偿实践

地方性的试点和实践为全国全面推行和建立耕地保护性补偿机制积累了宝贵经验，中央也在文件中明确提出地方可以建立耕地保护补偿机制。各地严格按照中央要求制定了符合自身实际情况的耕地保护政策方案，特别是十七届三中全会以来，耕地保护工作的地方试点逐步展开，除了成都市耕地保护基金之外，其他典型区域耕地保护补偿工作也有序推开。

（一）成都市耕地保护基金

作为全国统筹城乡发展试验区，成都市坚持先行先试，2008年1月成都市印发了《关于加强耕地保护进一步改革完善农村土地和房屋产权制度的意见》，明确提出建立耕地保护基金，随后印发《成都市耕地保护基金使用管理办法（试行）的通知》《成都市耕地保护基金发放办法（试行）的通知》等文件，意味着成都市在全国率先建立耕地保护基金制度。

成都耕地保护基金制度根据全市耕地质量和综合生产能力，对耕地实行分类别保护与补贴，具体政策内容如下：

补偿标准：①基本农田每年每亩400元；②一般耕地每年每亩300元。

基金来源：①每年市、区（市）县两级的新增建设用地土地有偿使用费；②每年缴入市、区（市）县两级财政的土地出让收入的一定比例的资金。以上两项不足时，由政府财政资金补足。

耕地保护责任人是指承担耕地保护责任的农户和村组集体经济组织。耕地保护责任人应当与区（市）县政府签订《耕地保护合同》，对耕地保护的地块、面积、类别、期限和补贴资金及违约责任等内容进行约定。

耕地保护基金的使用范围：①耕地流转担保资金和农业保险补贴，每年提取当年划拨的耕地保护基金资金总量的10%，用于对全市范围耕地流转担保资金和农业保险补贴；②承担耕地保护责任农户的养老保险补贴；③承担未承包到户耕地保护责任的村组集体经济组织的现金补贴。

（二）广州市基本农田保护补贴

2014年广州市制定了《广州市基本农田保护补贴实施办法》，该办法对补贴对象、标准和资金使用方向和补贴目的等有详细的操作细节。

补贴对象：承担基本农田保护责任的农户和保护单位。基本农田分为已经承包到户农田和未承包到户农田两种，补偿对象分别为与村集体经济组织签订承包合同的本村农户和基本农田保护单位。承包到户的农户应当与农村集体经济组织签订农田保护责任书，而基本农田保护单位应当与镇政府（街道办）、区（县级市）政府逐级签订基本农田保护责任书。

补贴标准：根据区位不同实行差别化分类补贴标准，海珠区、荔湾区、白云区区域实行每年每亩500元，而花都区、番禺区、南沙区以及萝岗区区域每年每亩350元，从化区、增城区每年每亩200元。

资金来源：主要参照土地出让金的分配体制筹措资金。

资金使用方向：补偿对象有两类，资金发放也对不同的对象有所差异，发放给保护单位资金应当用于基本农田后续管护、农村土地整治、农村集体经济组织成员的社会养老保险和社会医疗保险支出等公共服务方面，而发放到农户的补贴资金，则由农户自行支配。

保护补贴监督：享受补贴的农户和保护单位，凡有下列情形之一的，取消当年补贴资格，不再核发新的补贴，并追究相关单位和人员的责任，直至恢复原状为止。具体监督内容：①未经批准，擅自将基本农田用于非农业建设的；②将基本农田用于发展林果业或挖塘养殖水产的；③除自然灾害等不可抗力的因素之外，基本农田被抛荒、荒芜或闲置超过 6 个月以上的。

2021 年修订的《广州市永久基本农田保护补贴实施办法》，提出各区可以统筹考虑本区财政实力、土地出让收入规模、永久基本农田保护现状情况，叠加发放区级永久基本农田保护补贴。

（三）上海市及部分区县基本农田生态补偿

2009 年 10 月上海市人民政府印发的《关于本市建立健全生态补偿机制的若干意见》提到坚持将新增建设用地土地有偿使用费用于耕地保护和基本农田建设，新增建设用地土地有偿使用费根据国家分配给本市的中央分成以及市级分成的土地有偿使用费入库数确定预算分配总指标，并按照各区县的基本农田面积、灌溉水田面积以及上年末上交新增建设用地土地有偿使用费情况依 70%、20%、10%的比例分配给各区县，专项用于基本农田建设、耕地开发和基本农田保护。

2010 年 3 月浦东新区印发《浦东新区 2010 年基本农田保护和扶持村级组织专项资金使用管理办法》，明确了补贴对象与补贴标准。补贴对象为已经承包的耕地以及经过土地管理部门核定的基本农田；补贴标准分为两个类别，耕地补偿额度为每年 300 元/亩，其他农用地补偿额度为 150 元/亩，履行承包义务的农户获得由村按队（组）发放的专项资金。

闵行区对承担基本农田保护的村集体和农户进行直补，对全区规划落实的基本农田和以土地租赁方式建设的涵养林、片林进行生态补贴，对经济薄弱村进行重点扶持。该区从事农业生产的农民，在现有每人每年 600 元的基础上，每年环比递增 12%。按照《关于落实 2019 年度闵行区都市现代绿色农业发展和农民长效增收扶持政策的通知》要求，可知 2019 年基本农田生态补偿标准为 1500 元/亩。基本农田生态补偿资金主要用于发展壮大村级集体经济，相关村应利用补偿资金建设"造血"项目，提高自主发展能力。相关村可结合本村实际，适当安排部分补偿资金用于村公共支出。村公共支出部分的补偿资金使用要与美丽乡村建设长效管理相结合，主要用于对美丽乡村建设的市政基础设施（道路、河道、绿化、污水收集处理、垃圾处理及环卫设施等）、公共服务设施（三室一店一站、停车场、健身设施、路灯、技防设施等）的养护管理，以及对农民参与美丽乡村长效管理、文明乡风培育等工作的奖补。

（四）佛山市基本农田保护补贴

2007 年佛山市开始进行耕地保护补偿方面相关工作，将基本农田、山体、水体等生态较敏感区域划入城市不开发区域，并规定应逐步给予划入的城市不开发生态敏感区生态补偿，该尝试与探索首先指向对基本农田保护的经济补贴。2010年根据广东省基本农田保护区管理条例以及当地的实际情况和经济发展，制定了《佛山市基本农田保护补贴实施办法》。

补贴的主要对象是依法拥有基本农田所有权并签订了基本农田保护责任书的村集体经济组织或者其他单位。

补贴标准：实行差异化的补偿标准，对于禅城、南海、顺德三个经济较发达区域实行每年每亩不低于500元的补贴标准，三水、高明两个经济条件较差区域实行每年每亩不低于200元的补贴标准，根据经济情况原则上每3年调整一次。

资金来源：补贴资金筹措主要以市、区两级财政为主，比例大致为2∶8，来源于财政预算及土地出让金收入，对于经济发展较差的高明、三水两区市级财政每年给予1500万元的定额补助，暂定3年。

资金使用方向：补偿资金20%由村集体提留作为农业基础设施建设专项基金，其余80%由农户自主安排使用在城乡居民基本医疗保险、农村养老保险、基本农田保护建设等方面。

（五）汕头市基本农田保护补贴

为切实保护耕地，保障承担基本农田保护任务者的经济利益，2011年汕头市对承担基本农田保护任务的农村集体经济组织（其他责任单位）或农户进行经济补贴。

补贴范围：《汕头市土地利用总体规划》划定的基本农田保护区内基本农田。

补贴对象：拥有基本农田土地所有权并依法签订基本农田保护责任书的农村集体经济组织或农户。对已承包到户的基本农田，补贴对象为土地承包者（本村农户），农户应当与村集体签订基本农田保护责任书。

补贴标准：每年每亩30元，基本农田补贴标准根据社会经济发展水平原则上每3年调整一次。

资金来源：区（县）政府财政为主，市级财政给予每年每亩10元的补助。

各农村集体经济组织每年可提留补贴资金总额的20%作为农业基础设施建设专项基金，设立专账，由各镇政府（街道办）负责监管，不得挪作他用。补贴资金应当首先用于补贴农户和村农民参加社会保险和支出农村合作医疗制度费用。

随着补贴管理办法不断更新，2017年基本农田保护补贴标准提升为每年每亩70元。基本农田保护补贴资金用途也调整为基本农田后续管护、农村土地整治、农村集体经济组织成员参加社会养老保险和城乡居民基本医疗等支出。对发放至村集体的补贴资金，可统筹用于精准扶贫开发、支持农民合作组织发展、村级公益事业"一事一议"以及农田水利建设，允许按照村务公开等相关规定自主支配使用。

（六）苏州市基本农田生态补偿

2010年苏州市成为全国首个建立和实施生态补偿机制的地级市，为保护基本农田，建立耕地保护专项资金。

补偿范围：基本农田。

补偿标准：根据耕地面积，按不低于每年每亩400元的标准予以生态补偿。同时，对水稻主产区，连片1000~10000亩的水稻田，按每年每亩200元给予生态补偿；连片10000亩以上的水稻田，按每年每亩400元给予补贴。

资金来源：生态补偿资金来源于市、区两级财政，通过财政预算、土地出让收入划拨、专项补助等方式建立补贴渠道。

补偿的对象：主要是承担生态保护责任的乡镇、村委和农户。

在资金使用方向上，苏州市耕地保护专项资金专项用于土地复垦和整理、高标准农田建设及对土地流转农户、经营大户补贴，并拓展新增建设用地土地有偿使用费、耕地开垦费等专项资金的用途。

（七）杭州市耕地保护补偿

2016年，杭州市人民政府办公厅发布《关于全面建立杭州市耕地保护补偿机制的实施意见》（杭政办函〔2016〕102号），全面建立并实施耕地保护补偿机制。耕地保护补偿的方式主要分农村集体经济组织耕地保护以奖代补（以下简称以奖代补）和农户耕地地力保护补贴（以下简称地力保护补贴）两种。

补偿范围及对象：以奖代补的范围为土地利用总体规划确定的永久基本农田和其他一般耕地，其对象为承担耕地保护任务和责任的农村村级集体经济组织；地力保护补贴的范围按照农业三项补贴政策综合改革试点方案有关要求执行，其对象为农户（承包权人）。

补偿标准：萧山区、余杭区、富阳区和各县（市）以奖代补资金，按照永久基本农田和其他一般耕地综合平均后每年每亩不得低于100元的标准，由市级财政在省级财政每年每亩补助30元的基础上，每年每亩再补助30元，其余部分由县级财政补足。下城区、江干区、拱墅区、西湖区、滨江区以奖代补的资金中，永久基本农田按照每年每亩600元的标准，由市级财政在省级财政每年每亩补助30元的基础上，每年每亩再补助285元，不足部分由区级财政补足；其他一般耕地按照每年每亩200元的标准，由市级财政在省级财政每年每亩补助30元的基础上，每年每亩再补助85元，不足部分由区级财政补足。

补偿资金筹措：各区、县（市）要从土地出让收入、新增建设用地土地有偿使用费、省下达的耕地保护以奖代补资金和农户耕地地力保护补贴资金以及其他财政资金中统筹安排耕地保护补偿资金。

2020年杭州市萧山区发布《杭州市萧山区人民政府关于完善耕地保护补偿机制的通知》，具体内容如下：

补偿范围：土地利用总体规划用途确定为永久基本农田的特殊保护耕地和其他用途的一般耕地。

补偿对象：承担耕地保护任务和责任的村级集体经济组织以及有集体耕地的镇街（含红山农场）。

补偿条件：申请对象应承担相应的耕地保护责任，做到耕地不被非法占用、不撂荒、地力不下降。同时必须符合以下条件：

（1）按规定签订耕地保护责任书，明确耕地、永久基本农田保护任务，永久基本农田示范区、城市周边永久基本农田等保护范围和面积，明确防止耕地"非农化"和粮食生产功能区"非粮化"管护责任、耕地保护补偿标准、保护期限和保护责任等相关内容；

（2）依法保护和管理耕地和永久基本农田；

（3）依法进行耕作和种植等农业生产；

（4）严格按规定使用耕地保护奖补资金；

（5）在辖区内当年无新增违法违规用地现象。

补偿标准：奖补资金视耕地保护重要程度实行分级补偿。一般耕地每年每亩为200元，永久基本农田耕地、粮食生产功能区耕地每年每亩为300元，永久基本农田示范区耕地、城市周边永久基本农田耕地、永久基本农田内粮食生产功能区耕地每年每亩为400元，城市周边永久基本农田示范区耕地、永久基本农田示范区内粮食生产功能区耕地、城市周边永久基本农田内粮食生产功能区耕地每年每亩为500元，城市周边永久基本农田示范区内粮食生产功能区耕地每年每亩为600元。

（八）连云港市耕地保护补偿

2018年连云港市国土局、市财政局发布《连云港市耕地保护补偿激励实施办法（暂行）》，其中所称耕地保护补偿激励主要包括耕地保护补偿和耕地保护激励。耕地保护补偿针对市区（不含赣榆区）拥有耕地的集体经济组织，耕地保护激励针对全市耕地保护工作成效突出的县区、乡（镇、场）和村（居）。耕地保护补偿激励由市级国土资源部门和财政部门共同组织实施，补偿激励资金列入当年度市级财政预算，资金来源主要是新增建设用地土地有偿使用费等。

补偿范围：市区范围内最新土地利用变更调查确定的集体耕地纳入补偿范围，以下情形除外——已进行设施农用地备案的耕地，成片粮田已用于设施农业用地的耕地（简易大棚设施蔬菜用地除外），发展林果业的耕地，被征（占）用进行非农业建设等已改变土地用途的耕地，抛荒两年以上的耕地。

补偿标准：市区耕地保护补偿标准为每年每亩40元。涉及违法、信访等负面影响的按下列方式处理。

（1）根据各级国土资源部门核查结果，行政村当年1月1日至12月31日之间非法占用耕地超过2宗或累计占用耕地面积大于2亩，当年整改到位的，扣发所在行政村年度20%补偿资金；当年未能整改到位的，不予拨付村集体经济组织耕地保护补偿资金。

（2）所在行政村当年度发生因国土资源信访引发的重大群体性事件、个人极端信访行为和社会炒作等负面舆情的，或国土资源信访事项经国土资源部门督办后仍然未整改到位的，不予拨付该村集体经济组织耕地保护补偿资金。

资金使用：耕地保护补偿资金专款专用，主要用于农田基础设施后期管护与修缮、地力培育、耕地保护管理等方面，包括日常对田、水、路、林、村等农田水利设施的管护，永久基本农田保护牌桩等保护标志的维修以及相关工作经费。在确保完成耕地保护任务并符合相关资金使用管理规定的前提下，也可用于发展农村公益事业、建设农村公共服务设施等。

（九）东莞市基本农田经济补偿

2008年东莞对全市基本农田保护区面积较大、经济发展较薄弱的村统一实施补助后，进一步将基本农田保护区内的全部耕地调整纳入补贴范围，基本农田补贴资金分为省级和市级补贴资金。其中，省财政按照每年每亩15元进行补贴；市补贴资金进行分类补助，其中基本农田实有耕地面积按照每年每亩

500元进行补贴，水乡地区按以上标准增加20%补助，市级补贴资金由市财政预算和土地出让收入中做统一安排。

2013年东莞市政府常务会议审议通过了《东莞市基本农田保护经济补偿实施细则》。省财政按照每年每亩15元的标准进行补贴。市级补贴资金进行分类补助，其中基本农田实有耕地面积补贴每年每亩500元，林地面积补贴每年每亩100元，水乡地区按以上标准增加20%补助。

2019年东莞市自然资源局、东莞市财政局、东莞市农业农村局印发关于《东莞市永久基本农田保护经济补偿实施细则（暂行）》的通知。具体内容如下：

补偿范围：《东莞市土地利用总体规划》划定的永久基本农田。

补偿标准：永久基本农田资金分为省级永久基本农田补贴资金和市级永久基本农田补贴资金两部分，省级永久基本农田补贴具体标准以省的有关文件为准，市级永久基本农田补贴标准为每年每亩350元。

资金来源：其中市级永久基本农田补贴资金，由市财政预算及其土地出让收入中做出统一安排，对承担永久基本农田保护任务的次发达村（社区）按全额补助标准的20%增加补助。

补偿对象：市级永久基本农田补贴对象为承担永久基本农田保护任务的各村（社区），不对固有（镇属）林场、企业、部队等对象进行补贴。省级永久基本农田补贴对象按照省关于永久基本农田经济补偿的有关规定执行。

资金拨付：永久基本农田补贴资金核实以最新年度土地利用变更调查数据和年度卫星影像数据为依据。省、市两级永久基本农田补贴资金均实行一年一拨付，由自然资源部门进行数据核实工作，财政部门按时拨付补贴资金。

（十）典型区域耕地保护补偿方案比较

由成都、上海、广州、苏州等各地开展的耕地保护经济补偿的方案与办法可知，各地的实践方式都具有地方特色，在补偿范围及资金来源、补偿对象、补偿的额度与标准等方面表现不一，具有一定的差异性。

1. 试点地区资金来源现状

目前试点地区的资金来源可分为三类：土地出让收入、新增建设用地土地有偿使用费、财政预算。从表2-1可以看出，主要的资金来源是土地出让收入和财政预算，其中土地出让收入是通过财政的转移支付进行耕地保护补偿，财政预算资金来源比较稳定，不受制于土地出让收入，可以保证农民"旱涝保收"。根据成都耕地面积预测每年需要的耕地保护基金约为26亿元人民币，按照"统一政策，分级筹集"的原则由市、县共同筹集，资金来源主要是新增建设用地土地有偿使用费和土地出让收入的一定比例，若新增建设用地土地有偿使用费和土地出让收入不足时可以由财政资金补足。

表 2-1 耕地保护基金试点地区资金来源

	土地出让收入	新增建设用地土地有偿使用费	财政预算
成都	√	√	√（不足时使用）
上海	√	√	√
广州	√		√
汕头			√
佛山	√		√
东莞	√		
苏州	√		√
连云港		√	
杭州	√	√	√

2. 补偿标准现状

自2008年以来，全国多个地区进行了耕地保护基金的试点工作，各个地区结合当地经济发展、政府的财政资金，从不同的补偿角度，选择了不同的补偿路径，确定了不同的补偿标准。

表 2-2 试点地区耕地保护补偿标准

地区	补偿客体	补偿标准
成都	基本农田和一般耕地	基本农田：400元/亩。一般耕地：300元/亩
上海	耕地以及基本农田	浦东：2010年耕地300元/亩，其他地150元/亩 闵行：承担基本农田责任农户补600元/人，2019年基本农田提高到1500元/亩
广州	基本农田	根据地域不同分别为500元/亩、350元/亩、200元/亩 2021年提出各区可叠加发放区级永久基本农田保护补贴
汕头	基本农田	2011年30元/亩，2017年70元/亩

续表

地区	补偿客体	补偿标准
佛山	基本农田	禅城、南海、顺德三区不低于500元/亩 三水、高明两区不低于200元/亩
东莞	基本农田	①省级补贴：15元/亩。②市级分类补贴：基本农田500元/亩，林地100元/亩，水乡地区按以上标准增加20%补助
苏州	耕地、水稻田，水源地、湿地、公益林	根据耕地面积按不低于400元/亩的标准予以生态补偿。同时，对水稻主产区，连片1000~10000亩的水稻田，按200元/亩给予生态补偿；连片10000亩以上的水稻田，按400元/亩给予补贴
连云港	集体耕地	40元/亩
杭州	永久基本农田和一般耕地	①2016年萧山区、余杭区、富阳区和各县（市）以奖代补资金，永久基本农田和其他一般耕地平均后不得低于100元/亩；下城区、江干区、拱墅区、西湖区、滨江区，永久基本农田按600元/亩，其他一般耕地200元/亩。 ②2020年一般耕地为200元/亩，永久基本农田耕地、粮食生产功能区耕地为300元/亩，永久基本农田示范区耕地、城市周边永久基本农田耕地、永久基本农田内粮食生产功能区耕地为400元/亩，城市周边永久基本农田示范区耕地、永久基本农田示范区内粮食生产功能区耕地、城市周边永久基本农田内粮食生产功能区耕地为500元/亩，城市周边永久基本农田示范区内粮食生产功能区耕地为600元/亩

从表2-2看出补偿差异性：①不同的耕地类别，补偿标准不同，从补偿金额上看，高标准的永久基本农田＞永久基本农田＞一般耕地等。②同市不同区县的补偿也不相同，例如，佛山市依据区域进行补偿，禅城、南海、顺德经济较为发达的三区每年补500元/亩，经济发展较差的三水、高明两区每年补200元/亩。

3. 资金使用方向

资金使用方向是确保耕地保护基金顺利实施的关键，关系到农民对耕地保护基金的满意程度，影响着农民参与耕地保护的意愿。试点地区资金发放方式也各有不同（见表2-3），具体可以将耕地保护补偿资金的发放方式分为三类：①参加社会养老保险和农村合作医疗；②现金补贴；③专项用于农村农田基础设施的建设和维护及耕地保护相关工作。试点地区根据各自的实际情况，发放方式一般是两两组合，但涉及参加社会养老保险和农村合作医疗时，强调先用于此。养老保险和农村合作医疗有助于维持农民基本生活和社会稳定。例如，成都市规定在计提10%的耕地流转担保资金和农业保险补贴后，剩下的资金首先用于参加社会养老保险和农村合作医疗；汕头补贴标准中20%用于农业基础设施建设，剩下80%的补偿资金优先用于购买和参加农户社会保险及新型农村合作医疗。其实，无论使用哪种发放方式，最终受益的都是农民，区别是直接的货币补贴农民可以在短期内看到并使用，是一项短期的利益激励；非直接的货币补贴实现了个人利益与集体利益结合，是一项长期工程，通过将基本农田的保护与发展结合，其效果也许在当代无法完全显现，但却是造福子孙后代的可持续发展措施。

表2-3 试点地区耕地保护补偿资金发放方式

地区	发放方式
成都	1. 耕地流转担保资金和农业保险补贴（10%）； 2. 承担耕地保护责任农户的养老保险补贴； 3. 承担未承包到户耕地保护责任的村组集体经济组织的现金补贴
上海	1. 直接发放； 2. 基本农田建设扶持、农村服务工作扶持； 3. 可适当安排村公共支出
广州	1. 直接现金补贴； 2. 参加社会养老保险和农村合作医疗； 3. 基本农田后续管护、农村土地整治
汕头	1. 农业基础设施建设（20%）； 2. 扣除后的补偿资金首要补偿农户参加社会保险及新型农村合作医疗； 3. 对发放至村集体的补贴资金，可统筹用于精准扶贫开发、支持农民合作组织发展、村级公益事业"一事一议"以及农田水利建设
佛山	1. 20%作为农业基础设施建设专项基金； 2. 80%由承担基本农田保护任务的农村集体经济组织的村民代表大会或其他责任单位成员代表大会决定具体的安排使用方式
东莞	基本农田保护、农业开发支出以及公共管理、公共服务支出
苏州	1. 土地复垦和整理、高标准农田建设； 2. 对土地流转农户、经营大户进行补贴

续表

地区	发放方式
连云港	1. 农田基础设施后期管护与修缮、地力培育、耕地保护管理等方面，包括日常对田、水、路、林、村等农田水利设施的管护； 2. 永久基本农田保护牌桩等保护标志的维修以及相关工作经费； 3. 用于发展农村公益事业、建设农村公共服务设施等
杭州	1. 现金补贴； 2. 条件允许的地区可用于缴纳养老保险和新型农村合作医疗； 3. 以奖代补资金用于农田基础设施修缮、地力培育、耕地保护管理等发展农村公益事业、建设农村公共服务设施

4. 其他相关经验总结

（1）耕地保护基金用于农业基础设施建设，实现个人利益和集体利益相结合。广州、佛山、上海、东莞、汕头、连云港、杭州等地规定将耕地保护基金用于基本农田保护、公共服务支出、农村服务工作帮扶等，这些基础设施建设是经济长期持续稳定发展的重要基础，也是维护农民利益、保障农民安全的重要措施，做到了将农田保护与发展相结合，实现了农民个人利益与集体利益相结合。

（2）耕地保护补偿种类多样。上海《关于落实闵行区都市现代绿色农业发展和农民长效增收扶持政策的通知》明确农业综合补贴有粮食综合补贴、蔬菜综合补贴、水产综合补贴、农机综合补贴、农药减量补贴和农业保险补贴六种，而农业生态与农产品安全补贴有耕地保护补贴、绿色农业生产补贴、农业废弃物资源化利用补贴和农产品质量安全管控补贴［农业溯源体系建设补贴、绿色（有机）认证补贴、无公害认证补贴等］。补贴类型多样，以鼓励发展现代绿色农业，促进农村增效、农民增收。

（3）耕地保护责任监督。连云港对于涉及违法、信访等负面影响的地区将扣除一定的补偿金作为惩罚，特别是对于重大群体性事件或经自然资源部门督办后仍未整改到位的，将不予拨付耕地保护补偿资金。杭州将农村集体经济组织和农户耕地保护补偿资金与耕地保护绩效挂钩，实行奖优罚劣，充分调动基层组织和农民保护耕地的主动性和积极性。市级财政补贴资金与上一年度土地卫片执法检查情况相挂钩，按比例发放，若有违法情况，发放比例将降低。对于耕地面积较少的主城区，与违法占用耕地面积情况挂钩，真正起到保护、激励、约束作用。

四、休耕轮作试点补偿政策

我国轮作休耕试点政策始于 2016 年印发的《探索实行耕地轮作休耕制度试点方案》，旨在通过耕地的"休养生息"，让生态得到治理修复，保护和提升地力，实现真正的"藏粮于地"。

试点范围：在东北冷凉区、北方农牧交错区等地推广轮作 500 万亩（其中，内蒙古自治区 100 万亩、辽宁省 50 万亩、吉林省 100 万亩、黑龙江省 250 万亩）；在河北省黑龙港地下水漏斗区季节性休耕 100 万亩，在湖南省长株潭重金属污染区连年休耕 10 万亩，在西南石漠化区连年休耕 4 万亩（其中，贵州省 2 万亩、云南省 2 万亩），在西北生态严重退化地区（甘肃省）连年休耕 2 万亩。

补助标准：①轮作补助标准。结合实施东北冷凉区、北方农牧交错区等地玉米结构调整，按照每年每亩 150 元的标准安排补助资金。②休耕补助标准。河北省黑龙港地下水漏斗区季节性休耕试点每年每亩补助 500 元，湖南省长株潭重金属污染区全年休耕试点每年每亩补助 1300 元（含治理费用），所需资金从现有项目中统筹解决。贵州省和云南省两季作物区全年休耕试点每年每亩补助 1000 元，甘肃省一季作物区全年休耕试点每年每亩补助 800 元。

农业农村部、财政部下发了《关于做好 2019 年耕地轮作休耕制度试点工作的通知》，提出扩大耕地轮作休耕制度试点，实施耕地轮作休耕制度试点面积 3000 万亩。其中，轮作试点面积 2500 万亩，主要在东北冷凉区、北方农牧交错区、黄淮海地区和长江流域的大豆、花生、油菜产区实施；休耕试点面积 500 万亩，主要在地下水超采区、重金属污染区、西南石漠化区、西北生态严重退化地区实施。各地充分认识到耕地轮作休耕制度试点的重要意义，把试点工作放在农村改革发展的重要位置，其中，贵州、黑龙江、天津为代表的省份提出了相应的工作方案。

（一）贵州省耕地休耕制度试点

贵州省农业农村厅制定并印发了《2019 年贵州省耕地休耕制度试点工作实施方案》，明确 2019 年贵州省将在开阳等 13 个县（市、区）开展 20 万亩耕地休耕制度试点，每个县 1 万~4 万亩耕地实施休耕，并对耕地休耕试点给予适当补助。

补偿标准与方式：贵州省 2019 年全年休耕试点每年每亩补助 500 元，总补助资金1亿元。补助资金含耕地收益和管护补助，补助资金全部补助给休耕的农户或新型经营主体。在操作方式上，可以补现金，可以补实物，也可以购买社会化服务。

（二）黑龙江新增水稻休耕试点

根据农业农村部通知，黑龙江暂定新增轮作试点每亩补贴150元，新增水稻休耕试点每亩补贴500元，最终以中央财政核发标准为准。

补助对象：农地实际生产经营者，而不是土地承包权者，即承担试点任务的新型农业经营主体和自主经营的农户。

此次轮作试点地区为除2017年、2018年已实施轮作试点的地区外，新增地区以第二、三、四积温带为主，兼顾其他积温带。休耕试点新增地区则以三江平原第三、四积温带地下水下降区、井灌稻区及2018—2019年灌区田间工程建设项目区为主，新增试点实施期限为一年。

轮作技术路径：2019年新增耕地轮作试点地块前茬（2018年）必须种植玉米或小麦，2019年种植大豆，实行米豆轮作或麦豆轮作。

休耕技术路径：2019年新增水稻休耕试点地块前茬（2018年）必须种植水稻，稻田休耕期间要加强地力保护和管理，鼓励深耕深松、种植苜蓿（油菜）或蔬菜等肥田养地作物（非粮食作物），提升耕地质量，力争地下水下降势头得到有效遏制，粳稻过剩状况得到改善。鼓励水稻休耕试点以乡镇或村为单位，集中连片整建制推进。

（三）天津市耕地轮作休耕试点

天津市2019年耕地轮作休耕制度试点实施方案指出，与不同作物的收益平衡点相衔接，互动调整，保证农民种植收益不降低，种植一茬春豆类或麦豆轮作按照每亩不超过200元标准进行补助，同时享受农业支持保护补贴；休耕一季种植二月兰、油菜等绿肥品种还田按照每亩不超过600元标准进行补助。

补助对象是试点区范围内种植大户、家庭农场、农民合作社、农业企业、国有农场等经营主体。

天津鼓励粮食作物主产区大力开展轮作休耕，统筹推进轮作休耕和种植结构优化。强化政策扶持，建立利益补偿机制，制定标准对承担轮作休耕任务的农户、新型经营主体给予必要补助，稳定轮作休耕试点经营主体的种植收入。同时天津轮作休耕充分尊重农民意愿，调动各类生产经营主体积极性，不搞强迫命令，不搞"一刀切"，整村集中连片推进，确保有成效、可持续轮作休耕。

（四）江苏省昆山市耕地轮作休耕试点

为切实贯彻党中央、国务院关于探索实行耕地轮作休耕制度试点工作的精神，实施"藏粮于地，藏粮于技"战略，加快构建耕地轮作休耕制度，促进生态环境改善和耕地资源永续利用，昆山市于 2015 年在江苏省率先探索耕地轮作休耕，2016 年昆山市又被列入江苏省首批耕地轮作休耕试点县之一，同年 12 月政府出台了《昆山市耕地轮作休耕试点实施办法》，为昆山市开展耕地轮作休耕工作打下了坚实基础。

休耕面积：每年耕地轮作休耕比例控制在现有耕地面积的 20% 以内，5 年内全市循环 1 次。由各区（镇）根据年度指导性目标任务安排粮油规模经营主体进行耕地轮作休耕申请，区（镇）对照下达的任务数平衡核准后报市农委审核，最终确定当年度实施耕地轮作休耕的面积、主体和方式。

补贴标准：补贴分为基础补贴和叠加补贴两部分。其中，基础补贴每亩 200 元，叠加补贴根据休耕方式确定：轮作换茬的每亩不超过 100 元，休耕晒垡（实行农机作业进行冬耕晒垡）的标准为每亩 45 元，休耕培肥（实行增施有机肥并耕翻作业）每亩不超过 100 元。

第三节　国外农地保护实践

一、美国农地保护实践

20 世纪初期，美国经济快速发展，大量优质农地被侵占，由此引发一系列经济、社会和生态环境问题。20 世纪 30 年代，美国的环境与经济发展被日益严重的干旱、沙尘暴及持续低迷的经济困扰，特别是 1934 年黑色风暴事件促使美国当局开始正视国内存在的土地问题，民众由此也意识到了保护土壤与水资源的重要性。美国政府通过不断努力，制定了《水土保持和国内生产配合法》，开始实施农业全面保护规划。该时期政府关注的是土壤与水资源。

1956—1958 年美国又把保护重点转移到耕地资源上，并对需要重点保护的耕地资源进行排查，对不适宜耕作的土地采取休耕（Land Retirement）政策。美国休耕政策受到世界农业环境界的关注，而且成为很多国家借鉴和学习的政策之一。休耕主要是对一些环境条件恶劣，比如容易发生盐碱化、沙漠化以及水土流失严重的生态敏感区域或者脆弱地区的耕地资源，根据自愿原则，由耕作农民提出申请并与政府签订长期合约，将上述耕地调整为草地、林地或者停止耕作的措施与行为，签订合同后，政府给予休耕农民一定的经济补偿或补助。

1956—1972年土地银行政策又进一步激励了退耕和休耕，土地银行政策是农场主把劣质土地存入土地银行中，银行给予存入土地"利息"即退耕的土地补贴，补贴多少参考所退出土地农产品的价格损失。土地银行政策通过联邦的生产者短期停止耕种的耕地面积储备计划和土壤保护储备计划来执行。土壤保护储备计划是农场主把一部分土地长期退出耕种，用于植树，达到保护土壤的目的。

1985年的农业经济大萧条，也直接催生了土地储备项目的实施，该项目属于第三次土地休耕期，在这一阶段有很多土地登记注册并实施退耕。这一时期农业环境政策目标打破传统的土壤侵蚀和生产力的局限，相较于前两个时期，该项目涉及范围更广泛。为了促使生态严重退化、污染问题突出的低质量耕地休耕，美国制定环境效益指数，将土壤侵蚀度、空气质量、水环境质量、野生生物等纳入指标中，通过量化计算出需要休耕的土地。美国为鼓励农民退耕还草、还林，颁布立法及各种政策措施，从政策制度角度更好保持土地肥力及改善农业生态环境，减少化肥及农药的使用，鼓励发展有机农业。自从美国黑色风暴以来，政府组织土壤、农学、农机专家研究改良传统的耕作方法，推广少耕、免耕和种植覆盖作物等保护性耕作技术，美国现有的耕作方式中有近60%采取保护性耕作，保护性耕作中又有53%采用作物残茬覆盖方式的耕作，44%采用免耕方式（杜伟等，2013）。

20世纪80年代中期，美国的农业政策关注及涉及的问题更宽泛，初期主要关注的是表层土壤损失保护，随着时间推移，农业用水污染、湿地以及野生动物栖息地保护等也得到美国政府的重视。为了确保环境目标的实现，美国政府出台了一系列的政策与法规。比如，为防止滥用农业杀虫剂、农药等危害健康的生物化学物品，1972年联邦政府出台杀虫剂、杀菌剂法案来禁止农业杀虫剂和农药的过度使用。针对野生动物栖息地丧失的保护，1973年出台了危险物种法案，并颁布了野生动物栖息地激励计划。

20世纪90年代初期，补偿与资助项目拓宽到湿地保护领域。1990年湿地保护计划开始实施，目的是将已开垦为耕地和正在耕种的湿地以及经常遭受自然侵害的低洼耕地或牧草地恢复为湿地，并以经济补偿的方式激励土地所有者对湿地进行恢复，来提高湿地质量和建立野生动植物保护区。

美国农业环境政策为满足世界贸易组织（WTO）的政策需求，对优质农地保护的资助或者补贴力度不断增强。2002年的农业法案中政府提议注重农业环境的保护，并对其投入更多资金。在2002—2010年，政府平均每年补贴190亿美元（卢艳霞，2013），对农民采取直接补贴，比如，土地休耕补贴和农业灾害补贴。面对存在的自然灾害，美国政府鼓励农业主购买农业巨灾保险，联邦政府设立农作物保险公司，风险来临时通过保险分担风险。目前美国农业用地中被保护地计划（Conservation Reserve Program，CRP）覆盖的农地占10%的比例，资助力度增强与拓宽对农业保护与生产起到积极作用（Baylis et al.，2008）。为了阻止土地所有者将土地用于其他开发项目而放弃农业的利用，美国采取了土地发展权征购和土地发展权转移两类机制。

19世纪末，美国进入经济高速发展时期，城市人口大量增加，城市建设急剧扩张，在发展过程中城市化不可避免产生了诸多问题，尤其是土地利用问题。由于美国实行土地私有制度，仅靠私人调节是无法更快更好地提高土地使用效率的。于是19世纪末借鉴德国分区管控制度，用来管制土地开发的密度和容积率，1916年纽约市颁布了第一个综合分区管制规则，土地开发利用的分区管制得以正式确立（臧俊梅等，2010）。分区管制通过行政强制的方式，控制土地用途转变和限制城市建筑面积，严重侵犯了土地所有者权益。美国联邦政府意识到土地用途分区管控制度不能有效解决农村土地减少、自然资源锐减、环境污染加剧等问题，同时该制度侵犯了公民的私有财产。

在土地分区管制的基础上，20世纪60年代美国借鉴英国的经验创设了可以与所有权相分离的土地发展权制度。美国土地发展权制度分为土地发展权征购和土地发展权转移两种。

土地发展权征购是指美国政府（主要是州政府和地方政府）用公共资金从土地所有者手中购买发展权（王大鹏、杨佳妮，2019）。土地发展权出让者要维持原有土地用途，如耕地仍要保持农用，不能进行土地开发利用，而获得土地发展权的政府并不进行开发，仅仅把开发权利购买到政府手中，目的旨在保护耕地和自然生态，防止城市郊区蚕食农地作为非农建设之用。

土地发展权的转移是重新分配开发权。将土地发展权从发送区的地块中分离出来，转移到接收区地块上，接受区地块获得开发强度（高度、密度、容积率），而原发送区的土地受到严格的开发限制。美国土地开发权的转移实质上是财产利用性质上的权利交换，通过对发送区的土地所有者赋予一定数量的土地开发权，发送区与接收区进行交易，最终实现土地发展权发送区和接收区之间的置换（顾汉龙等，2015）。

二、欧洲农地保护实践

为恢复经济，欧盟通过价格支持的财政方式确保了粮食供给，从而提高了生产者的收入水平，因此，其政策导向主要侧重粮食生产，此时的欧盟共同农业政策（Common Agricultural Policy，CAP）也仅表现为单一政策，忽略了农业对环境保护的影响。为遵循WTO"绿箱政策"，欧盟减少了对农业的直接价格扶持，开始将农业补贴与产量脱钩，但加强了农业环境补偿移转支付力度，最终欧盟实施的农业政策改革弱化了农业生产和收入之间的关系，从而有效达到实现环境保护目标的新倾向。休耕项目是欧盟农业政策的重要组成部分，1992年欧盟开始了农业政策的麦克萨里改革（Macsharry Reform），旨在鼓励农民实行休耕，以降低农业生产对环境的损害，调控粮食供给总量和实现市场平衡。欧盟休耕面积按照一定比例执行，但可根据粮食供需状况进行动态调整，2000年休耕比例定为10%，2004—2005年度降为5%，2007—2008年由于国际粮食紧张将休耕率降为零（杨庆媛等，2017）。

瑞士也在持续不断地对农业政策进行改革，并将制止农业生物多样性的丧失和濒危物种蔓延作为改革后的新目标，注重农业利用区发展并实施生态补偿区域计划（Herzog et al.，2005）。在欧洲山区同样存在农村景观补偿计划，比如，奥地利、瑞士北部和意大利南部区域以及德国等城市居民若在农村度假，需要支付农业景观和优美环境费用，即休闲农业景观游憩价值（Hackl et al.，2007）。景观价值由社会享用者买单也是农业改革的一项重要内容。

欧盟农业保护项目对农业补贴和价格支持有严格规定，比如成员国确定本国良好耕作实践基准（Good Farming Practice，GFP）（Baylis et al.，2008），达到此基准获得政府给予基本补助。假若农民通过改良土壤、提高技术等耕地生产能力超过GFP确定的基线水平，则能获得较多补贴或者补助支持。欧盟农业保护项目注重农地补贴和农地质量之间的关系，耕地质量越高则获得补助或者补贴越高，政策本身能有效调动农业生产者的积极性及主动性，提高耕地地力和肥力，达到保护耕地资源的最终目标。

据估计，欧盟农业产值较低，仅占国民生产总值的1.4%，但农业补贴额度却占到整个欧盟预算的一半左右，如2002—2006年欧盟农业预算总投入为1950亿欧元，该项资金主要用于农业相关补贴和投入，比如农业经营投资和就业人员培训、环境脆弱地区补贴以及公共项目的投入等。补贴改善了农业生产环境和农民的收入水平，特别是近几年用于农业和农村发展的补贴大幅度提高，用于流通领域的补贴不断减少。

20世纪30年代，英国开始关注耕地保护问题。英国作为工业革命的发源地，工业化和城市的发展导致耕地面积急剧减少，本来耕地面积就很少的英国，开始高度重视耕地资源保护。1932年《城镇和乡村规划法》立法限制私人对土地的开发权，确保一定面积的耕地。英国1947年对《城镇和乡村规划法》进行修订，后来又颁布了《新城镇法》《村庄土地法》等众多土地相关法律法规，成为世界上公认的耕地保护法律最健全的国家。农地保护之初目标只是增加产量、提高产能，导致化肥和农药滥用，造成了一系列环境问题，比如水体和土壤的污染。

英国政府对农民除了按照欧盟共同农业政策进行补助外，还通过财政拨款引导农民选择更加科学、环保的耕种模式，以保护农业环境实现可持续发展。2000年，欧盟为了防治水污染颁布了水框架指令。同年，英国按照水框架指令管理其农业发展，并有效控制面源污染，在2003年升级为强制性法令。除了欧盟共同农业政策补助之外，英国制定了国内执行的农业环境政策（Agri-environment Scheme），如初级补贴项目（Entry Level Stewardship）、高级补贴项目（High Level Stewardship）、针对有机农场开展的有机补贴项目（Organic Entry Level Stewardship）和针对高原牧场的牧场补贴项目（Upload Entry Level Stewardship）等（赖欣等，2012），补贴项目、补贴形式和要求呈现多样化。

国土空间管控是英国采取的强制性的政策工具。发展权和发展权转移制度最早起源于英国，并在《城乡规划法》中以法律制度的形式确立了土地发展权制度。英国国情决定了其土地发展权归国家所有。对于私有土地，土地所有权仍属于私人，并保持原有用途使用。土地所有权和土地发展权相分离，国家拥有发展权，若私人想改变用途进行开发活动，必须向国家购得土地发展权，以此来限制土地用途、范围、强度和建筑物高度等权利，达到国家对土地开发进行有效控制及"涨价归公"的机制（臧俊梅等，2010）。1986年的《农业法》将保护区界定为环境敏感区，并开始实施环境敏感区计划（Environment Sensitive Areas Programs），用来保护有价值的景观和生境。参与环境敏感区计划的农户能获得相应的补偿，调动了保护积极性和参与度。该计划能有效缓解农业生态环境的退化，对农地保护具有重要意义。除了规划管控体系之外，英国的绿带政策也对控制城市蔓延、农地流转、环境污染起到一定作用。例如，在农田周边设立缓冲带用以阻止面源污染。

三、日本、韩国农地保护实践

日本、韩国都是人地资源矛盾较突出的国家。日本在第二次世界大战后开始注重农业的原始积累作用，着力发展农业生产力，关注农民收入水平的提高，《土地改革法》的颁布实施提高了农业产量和农民收入水平，促进了农村经济发展。

为平衡城乡收入差距，日本于1961年颁布了《农业基本法》，随后颁布了《农业振兴法》《农业促进法》来发展农业。随着工业化城镇化发展和农业劳动力向非农产业转移，日本开始扩大专业农户农地经营规模。为了避免土地集中利用的困难性和分散经营的障碍，开始探讨土地利用的各种模式并逐步实行农业的规模化生产，在发展规模化过程中强调中介组织的重要作用。20世纪60年代的农业保护政策造成了农产品供给过剩和预算成本增加，于1970年确立了"推进综合农政"的基本方针，鼓励稻田休耕和改种，强调扩大麦类和经济作物种植，调节和限制水稻生产，开启了土地保护、养育、恢复地力的保护性政策，该政策包含轮种休耕、管理休耕和永久性休耕三种模式（苏畅、杨子生，2020）。1993年乌拉圭回合的农业协定将农田休耕作为一项环境手段，随后，日本将休耕调整为环境保护手段，并根据耕地类别设定不同的休耕条件与要求。

为了避免农地资源的城市化流转，日本把农地分为三类：第一类为优质良田，是永久保护农业区；第二类为一般农地；第三类为修建农业服务性基础设施的土地。同时为了保护农地生态环境，设立环境保护型耕地农业体系，该体系包括有机耕地农业行动、绿色耕地农业行动、污染土壤的治理及改良等（李筱琳、李闯，2014），强调通过免耕、依靠秸秆还田和种植豆科作物等自然初级生产模式保持土壤肥力，依靠作物本身抗性及生物防止措施发展农业环境技术而不是依靠施用化肥、农药和化学除草剂等。2007年建立了农业环境保护支付制度、友好环境耕地农业直接支付计划和环保型耕地技术补偿，除了采用直接补贴方式实现对耕地环境的补偿，也通过"环保标志认定""环境标识"等间接市场制度实现有机农业、有机产品的供给。

20世纪60—70年代，韩国发展迅速，也激发了对农地资源流转的强烈需求。韩国制定了一系列包括《农地法》《农地保护利用法》及《农地改革法》等在内的法律法规，为防止农地的流失以及有效控制土地流转，政府通过征收高额的农地转用费和开垦费来达到管控的目的。按照土地用途和规划，韩国将土地分为五部分，分别为城市区域与准城市区域、农林区域与准农林区域以及自然环境保护区域，在此基础上，又把农地进一步分成了农业振兴区域和农业保护区域两种（殷园，2008）。农业振兴区域只能进行农业生产或者从事农业改良行为。在保护耕地数量的同时，韩国也注重耕地质量的提升。

20世纪80年代以前，为解决粮食供应不足问题，韩国农业政策以促进农业发展为主，并加大补贴力度，造成化肥和农药使用量的大幅度提高，进一步导致环境污染与食品安全问题。进入21世纪以来，韩国政府制定实施了《亲环境农业育成法》，减少化肥和农药的使用。法律包括亲环境农产物的分类及认证制度、农户补偿计划等。从1999年开始韩国政府对执行"环境友好型"农业生产的农户给予直接支付补贴，以弥补减少化肥和农药使用导致作物减产带来的收入损失。同时政府采取了向农产品粘贴标签的制度，以提高消费者对有机农产品的认知（马晓春等，2010）。

第三章　相关概念界定与理论基础

第一节　相关概念界定

一、农地

农地是指能直接用于农业生产的土地，包括耕地、园地、林地、牧草地、其他农用地，本书农地在后续分析和核算时特指耕地。根据2017年最新土地利用现状分类国家标准，耕地是种植农作物的土地，包括熟地、新开发、复垦、整理地、休闲地（轮歇地、轮作地）；以种植农作物（含蔬菜）为主，间有零星果树、桑树或其他树木的土地；平均每年能保证收获一季的已垦滩地和海涂。耕地中还包括南方宽度<1.0米、北方宽度<2.0米固定的沟、渠、路和地坎（埂）；临时种植药材、草皮、花卉、苗木等的耕地，临时种植果树、茶树和林木且耕作层未破坏的耕地以及其他临时改变用途的耕地。所以无论是一直保持农业种植的土地还是新开发或者复垦后用作农作物种植的土地都称为耕地，按照二级分类耕地分为水浇地、旱地、水田。

耕地保护是我国政府运用行政或者法律强制手段对耕地的数量和质量进行保护的行为。从国外耕地保护的研究来看，国外对耕地的保护一般采用农地保护的说法，西方国家在开展农地保护工作中主要是以不破坏原有土地生产潜力为目的，注重农地自然景观的保护，比如，美国的休耕和最小耕作土壤保护政策。

二、补偿

补偿原意是弥补和抵消损失，从而得到赔偿。凡欲获得补偿，必有损失，即必有对私人财产权的剥夺或者限制，而导致的一定程度的损失。按照法理上解释，补偿是以当事人存在过错或是故意造成损害为前提，而本书的外部性的内化方案所给予的补偿并非法理上的补偿，相关利益主体之间不存在故意的侵权行为，不存在法理的过错。本书所提到的补偿，在国际上也叫生态效益付费或者生态补偿，强调对维护自然资源和生态系统服务的经济激励。当然由于研究视角差异性，不同学科研究者对补偿含义的理解也各有侧重，例如，从生态学、环境科学、社会科学、经济学等学科领域来认识生态补偿。从生态学角度认为生态补偿是人类的社会经济活动给生态系统和自然资源造成的破坏以及对环境造成的污染的补偿、恢复、综合治理等一系列活动的总称；管理学角度认为生态补偿是以保护和可持续利用生态系统服务为目的，用经济手段来调节相关利益者之间经济利益的制度安排；法学角度认为为了维持和增强生态系统的生态功能和服务，国家对导致生态功能和服务减损的自然资源开发或利用收费以及对增强生态功能和服务做出牺牲给予的经济或非经济形式的补贴和奖励；从经济学角度，毛显强（2002）在其研究中探讨补偿的方式，认为可以增加保护或者损害资源环境的行为收益或者成本，比如，对环境破坏者进行收费或惩罚，而对环境保护者进行补偿或补助，从而达到抑制行为主体带来的外部不经济行为或者鼓励行为主体带来的外部经济行为；沈满洪（2004）在其著作中对生态补偿概念进行界定，认为补偿是政府通过一定方式实现外部性的内部化的政策工具，避免外部性所产生的非经济价值外溢，通过受益者支付相应的费用与保护者获得相应经济补偿，解决公共产品消费中的免费"搭便车"现象。中国环境与发展国际合作委员会认为生态补偿是以保护和可持续利用生态系统服务为目的，以经济手段为主调节相关者利益关系的制度安排。不同学科对补偿的叫法也略有差异，如生态系统服务付费、资源价值补偿、生态效益补偿或者经济补偿等，无论采用什么样的称谓，但内涵应该是一致的，是对生态环境外部性、非市场价值、市场失灵的财政激励措施。

综合研究者的研究，补偿的含义有广义和狭义之分，具体可以分两个方面：一种是为了阻止环境恶化和污染行为的继续而对造成恶化或者污染的行为进行惩戒，与法理上补偿理念相同；另一种是为了能持续获得良好的生态环境和优美的景观而对供给行为的激励补偿措施。两个方面补偿角度有所差异，但最终目的是维护生态服务系统平衡。

三、产权

产权（Property Rights），是财产权的简称，直接体现财产利益的一种权利（陆小华，2009）。《中华人民共和国物权法》[①] 对公民的财产权有详细规定，任何人不得侵犯，公民的财产权具有占有权、使用权、收益权和处分权四项权能，是产权主体对客体拥有的不同权能和责任，以及形成的利益关系。其实产权是一个权利束和权利棒，可能会因附着于其上的产权内容不同其权利差异较大，相应的产权价值可能也会有较大差异，因此，只有清晰界定产权，才能使市场经济中权责利等法律关系的内容真正明确，才能清楚某一经济活动中利益如何受损、如何受益，以及不同权利人之间如何实现利益均衡。

我国土地属于公有制，土地所有权分为国家所有和集体所有两种。集体土地所有权是指集体经济组织及其成员对集体土地所享有占有、使用、收益和部分处分权利，其权利性质决定集体土地的所有权属于集体组织全员所有，不属于个人，个人仅拥有土地的使用权。对于属于集体的农地来说（也有国有农地），农村集体组织拥有集体土地所有权，农民个人拥有使用权，所有权和使用权分离，但都可以利用所有产权获得收益和部分处分的权利。农民通过承包经营权获得一定年限土地承包经营期，在一定时期内有土地占有权、使用权、收益权和处分权四项基本权能，但不是不受限制的绝对权利。首先，受到土地权利行使的限制，比如，滥用土地所有权、滥设其他土地权利和相邻关系的限制；其次，受到土地利用规划的限制，以及为了国家公共利益需要，有被国家征收的可能。

产权的拥有并不代表其有绝对的自由，任何产权都有一定限制与约束力，但同一权能在不同区域存在差异性与《物权法》明确规定的合法权益受法律保护内容相悖，比如，对鼓励开发区和限制地区产权受限度不同所带来的公平与效率问题。在土地用途管制以及其他相关法律法规的政策框架下，农业用地仅限定为农业用途，外部性问题凸显，价值将会被大量转移。在我国目前农地保护制度下，政府对农地产权的界定不清晰，农地农用用途具有法定化和固定化的约束，农地仅能保持农用，但若改变用途需要经过国家同意，农地收益权能残缺和缺失，导致农地的比较利益低下，农地所产生的生态效益、社会效益被

---

① 《中华人民共和国物权法》已于2021年1月1日正式废止，由《中华人民共和国民法典》来代替所有条款。

忽视，置于社会公共领域。

土地具有发展的权利，即土地变更为不同性质的地类进行处置和使用的权利，权利主体因此获得相应变更或发展收益。学术界一致认为土地发展权是一种物权，但对发展权的权利归属上有不同的观点：①认为土地发展权应该归国家所有，即只有国家具有开发利用土地的权利，在建设中政府指定某一开发强度和利用类型，市场经济促使土地利用结构发展变化，个人或者其他单位若改变土地利用强度和利用类型，应向国家申请购买土地发展的权利。该观点代表国家为英国。②土地发展的权利为个人或者单位所有，即个人或者单位有权利变更土地用途和开发利用实现最大私人收益，若要基于农地保护及环境保护考量限制土地发展，国家需要购买个人或者单位发展权，以达到限制土地变更及开发利用。该观点代表国家为美国。

发展权的界定有利于厘清国家、农村集体和农户之间的责任和相应的权利，目前我国农地发展权一直处于学界理论讨论阶段。事实上，按照《中华人民共和国土地管理法》规定，农地所有权属于农村集体经济组织所有，所有权主体非常清晰，严格按照法律则土地发展权的归属也就此明确，发展权应归土地所有者所有。

四、农地保护外部性

某一个人或者群体的生产活动对其他没有经济往来的群体或者个人的影响与溢出就是外部效应或者外部性，外部性之所以产生是由于生产活动中供给或消费过程的外溢，其产品主要是公共物品或准公共物品，存在着私人成本和社会成本、私人利益和社会利益的不一致现象。农地的生态服务价值和社会保障价值体现了农地作为公共产品的特性，同时也表现出较强的外部性。农地资源所产生生态服务产品具有消费的非竞争性和非排他性。一方面，消费者对社会效益和生态效益的消费具有非竞争性。例如，农作物能够吸收CO_2释放O_2，起到调节气候的作用，而此部分外部效益被全社会共同享有，任何一人的消费都不会影响他人，具有公共产品消费的非竞争性。另一方面，农地所提供的生态产品的消费者不能阻止其他相关消费者继续消费该产品，具有公共产品非排他性特点。例如，耕地保护保障着国家粮食安全，维持着社会的稳定，任何一人都不能阻止他人从中获益，具有消费的非排他性。

对农地保护外部性的认识与界定，不同学者有不同的定义。牛海鹏（2010）认为耕地保护外部性是在耕地利用和保护过程中产生的生态效益和社会效益，此部分效益是基于耕地生态系统服务所产生，但未能纳入耕地保护相关主体收益之中。张安录、牛海鹏（2009）认为耕地保护外部性是指所有受体从耕地生态系统服务中所获取或消费的生态效益与社会效益的总称。赵凯（2012）认为耕地保护直接经济主体的边际私人收益与边际社会收益相偏离的一个经济现象就是耕地保护的外部性。田春等（2009）认为耕地保护的正外部效益主要表现为固碳、涵养水源与净化空气、土壤形成与保持、气候调节等生态功能保持和恢复。综上所述，农地保护外部性是指在农地保护过程中产生的未纳入农地保护主体收益之中、具有公共物品属性、能同时给社会带来正外部性和负外部性的生态效益和社会效益，具体而言就是农地整个生态系统服务功能中，除去保护主体所获得经济效益之外的其他效益总称。

五、空间外部性及空间外溢

若外部性的产生不是私人的某一主体对另一主体，而是集体经济单位有影响该区域内或者其他区域其他经济活动单位的外部性，当然该集体经济单位活动也会受到区域内或所有其他区域其他经济活动单位的影响，所有产生外部性影响的综合作用，即是空间外部性（胡鹏、覃成林，2011）。

马歇尔在《经济学原理》一书中提出的外部经济概念，后经庇古补充，又有了外部性不经济概念。马歇尔指出生产活动中性质相似的企业集聚形成产业，产业内部形成相互的便利，对于各个企业而言就是外在规模经济。事实上马歇尔所讨论的外部经济性本质上属于空间外部性，是空间效应不断集聚的结果或者表现形式。胡佛（1990）指出集聚效应有三种表现形式：①同一产业不同企业在某一地方集聚而带来的规模效应即企业的规模经济；②各种企业集聚到一个区域的地方化经济效应；③不同类型经济活动集聚到一个区域即城市化经济效应。以上集聚效应的三种表现都隐含着空间外部性内涵。Papageorgiou（1978）对空间外部性进行了归纳和阐述，认为空间外部性就是每个经济单位都产生了影响该区域内其他经济活动单位的外部性，而每个经济活动单位也会受到该区域内所有其他经济活动单位的影响，各种影响共同作用的结果即外部性的综合作用。空间外部性不仅包括区域内的相互影响，还包括区域之间即区际的外部性，如在没有考虑经济补偿的情况下，M 区域经济主体的行为将影响到 S（$M \neq S$）区域经济主体的效益，从而会影响社会资源的最优配置。

整个社会是个开放而又复杂的生态系统，该系统所提供的服务具有时间和空间异质性，诸如商品贸易、要素流动与扩散等相互作用，致使外部性都有空间特性。其实空间外部性是外部性的一种,具有移动和传递性、规模经济和集聚效应、空间环境外溢性等特性。在区域边界确定以及经济和生态系统存在交叉的基础上,Wang and Nijkamp(2001)将空间外部性分为四类:①空间区域效应,即指该区域产生的外部性将不会影响其他区域,外部性具有地区特性;②空间经济环境外部性,包括区内经济环境外部性和区际经济环境外部性;③空间生态环境的外部性,应用最多的是"跨界污染",包括单向和双向空间生态所造成的生态环境上的影响;④总空间环境的外部性,该外部性主要是在经济环境和生态环境共同作用下产生的影响所导致的外部性,即一个区域的环境外部性会通过生态外部性(如碳排放)和经济外部性(如贸易、能源)使其他区域产生环境外部性。

综上所述,空间外部性是某一主体的生产(消费)活动对区域内或区域外其他不相关主体产生的相互影响所形成的外部性,影响内容包括经济环境、生态环境及总体空间环境。目前学界没有直接对空间外溢概念的概述,按照外部性的概念及对空间外部性的理解,本书认为空间外溢本质上就是空间外部性,是一种跨区域的外部溢出效应,存在一个空间维度,之所以有空间外部性与空间外溢之分,在于空间外部性是针对外部性而言,空间外溢是针对溢出效应而言。

第二节 理论基础

一、外部性理论

(一)外部性内涵

外部性亦称外部成本、外部效应或溢出成本。马歇尔首次提出"外部经济"概念,为外部性的研究开创了新纪元。随着研究的不断深化,庇古从福利经济学的角度系统地研究外部性问题,逐渐扩充了外部性的概念,特别是对"外部经济性"相对应的"外部不经济"的概念和内容进行了扩充。随后,研究者从不同角度对外部性进行了扬弃和创新,例如,奈特、鲍莫尔、布坎南、萨缪尔森等研究者都对外部性问题进行了探讨。外部性定义归纳起来大概分为两类:①从外部性的产生主体角度考虑,如萨缪尔森和诺德豪斯(1999)认为外部性是指某些企业或者个人的生产（消费）活动对其他不相关企业或个人造成了不可挽回的成本或者促使其他不相干的企业或个人收益增加；②从外部性的接受主体角度考虑，如兰德尔（1989）认为某一经济主体没有采取某一行为决策，但这一行为产生的某些效益或成本却对经济主体产生了影响，即未参与某一行为决策的人某些没有考虑的效益被给予，或某些没有考虑的成本被强加。外部性可以用数学函数来分析，虽然某经济主体没有向他人提供报酬或索取补偿，但在福利函数自变量中却包含了他人的行为，其外部性的函数表达式如下：

$$F_j = F(x_{1j}, x_{2j}, \cdots, x_{mk})(j \neq k)$$

式中，j 和 k 分别指不同的个人（或厂商），F_j 表示 j 的福利函数，X_i（$i=1, 2, \cdots, n, m$）代表不同的经济活动。

该函数表达式显示，某经济活动主体 j 所获得的福利 F_j 不仅受到自己的经济活动 X_i 的影响，与此同时也受到经济活动主体 k 经济活动 X_m 的影响。

从经济学家的两种外部性分类可知，无论是从产生主体还是接受主体来理解外部性，其内涵和本质是相同的，均是经济主体产生的相互影响的现象。当然理论上相互影响是可以加以区分的，也可以通过函数关系表示，但现实中外部性影响无法通过市场反应和交易来体现，最终私人边际收益（或者成本）与社会边际收益（或者成本）不一致，导致资源配置分配不均和存在市场失灵现象。如图 3-1，当一个企业存在外部不经济性时，由于存在边际环境成本，边际社会成本大于边际私人成本，该企业产出水平是 Q_1，而社会最优产出水平为 Q，资源配置状况不是最优。同样如图 3-2，当企业存在外部经济性时，边际私人成本大于边际社会成本，该企业产出水平为 Q，小于社会最优产出水平 Q_1，同样资源配置状况不是最优，出现低效率现象。

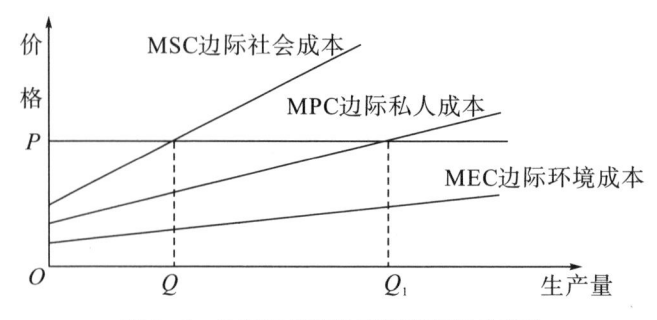

图 3-1 外部不经济性对资源配置的影响

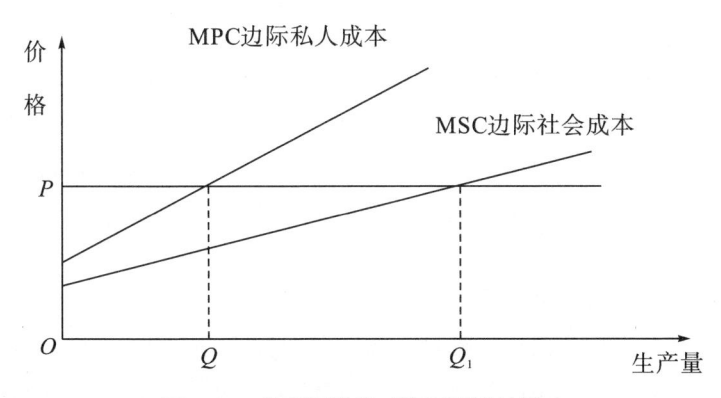

图 3-2 外部经济性对资源配置的影响

国内学者也认识到资源环境众多问题的解决始于外部性问题的解决。对外部性问题的研究，国内学者也从不同角度对外部性概念进行阐述。经济活动主体在生产、经营或者消费活动中，可能存在应承担而没有承担的成本或没有任何付出却享受了收益的现象就是外部性（石生萍，2004）；林成（2007）认为在缺乏任何相关交易的两个经济主体之间，一个主体对另一个主体的福利所造成的全部影响就是外部效益；邵建英和陈美球（2006）认为经济活动主体生产和消费的物品或者服务虽不以市场为媒介，但确实对其他经济主体产生了附加效应，这种附加效应就是外部性。

按照外部性的影响效果与作用，外部性可以分为正外部性（或正外部经济效应、外部经济）与负外部性（或负外部经济效应、外部不经济）。正外部性是某些经济活动主体（影响者）的生产或消费行为给其他不相关经济主体（被影响者）带来某种利益或积极效应，且又没有向被影响者收费的现象。相反，负外部性是影响者的经济活动给被影响者带来损失或消极效应，且又无法补偿被影响者的现象。农地保护会同时产生正外部性和负外部性。农作物具有涵养水源、净化空气、防止水土流失等生态功能和保障国家粮食安全的社会功能，具有正外部效应，但是农作物种植过程中，农药、化肥的过度使用造成水土流失、土地荒漠化、化肥农药残留等问题，具有较强的负外部效应。

按照市场经济的生产和消费来源可将外部性分为生产外部性与消费外部性。所谓生产外部性顾名思义是生产活动给他人带来的影响，若影响为积极正向的，生产者不能获得任何的报酬；若影响为消极负面的，同样生产者并不会因此受到惩罚。所谓消费的外部性是消费活动对他人带来的影响，同样消费者并没有因为带给他人额外收益或成本增加而获得报酬或者惩罚。农地保护过程中农地的承包经营者向农地投入一定的劳动、资本等生产要素，获得具有经济价值的农产品，与此同时也产出了生态产品，但承包经营者仅仅获得经济价值，生态效益和社会效益未纳入农地承包经营者总收益中。

依据时空结构特征，把外部性分为空间上的外部性和时间上的外部性。空间上的外部性是指在一定空间范围内不相关的经济主体之间的影响；时间上的外部性考虑的是资源可持续性以及当代对子孙后代所产生的影响（李新文、王健，2005）。

农地资源保护具有外部性特征，农地资源所生产的生态产品被全社会共享，无法在市场中用价值进行衡量。农民保护农地所获得的经济效益远小于溢出的生态及社会效益。溢出效应被置于公共领域，搭便车现象促使农民不愿承担保护成本，从而抑制了农民保护农地的积极性与主动性。耕地保有量多的地区特别是粮食主产区，为维持粮食种植面积和保障粮食安全，牺牲了地区多元化的发展，承担着巨大的经济损失，同时在实现耕地保护目标的过程中易造成中央和地方目标的冲突（范少冉，2005）。农地保护强烈的外部性与相关政策的非均衡性导致我国农地保护空间差异显著，进而对生态环境建设与国家安全造成不良影响（曹瑞芬、张安录，2015）。正是由于传统经济核算体系的缺陷和市场失灵，对于保护农地而产生具有正外部效应的生态产品及服务，保护者以外的受益者能够无须支付任何成本而直接享受（Lizin et al.，2016）。

（二）外部性内部化的方案

经济学家一直在积极寻找解决外部性的方案与途径，并提出外部性内化的方案。外部效应的内部化是指通过调整经济活动主体之间的经济利益再分配促使经济主体的私人边际成本均衡于社会边际成本或私人边际收益均衡于社会边际收益，从而实现外部效应的内部化（朱柏铭，2002）。生态产品外部效应内部化能够实现生态产品价值（丘水林、靳乐山，2021）。外部性内部化的研究中较有影响的是庇古方案和科斯方案。

庇古主张政府干预，通过征税或者补贴解决外部性问题。当经济活动主体存在外部非经济行为时，此时边际私人成本将会小于边际社会成本，应对经济活动部门实行征税或罚款制度；对于边际私人收益小于边际社会收益的外部经济行为，应对经济部门实行奖励和津贴制度。征税额度或者补贴额度相当于边际外部成本或者边际外部收益，在一定时期内庇古税成为政府干预外部性方案和消除外部性的有力举措。

1960年，科斯提出著名的科斯定理。科斯定理的主要宗旨就是产权，产权不明晰及不确定是产生外部性的主要原因。若产权是清晰和明确的又可进一步分为两种情况：一种情况是交易费用为 0，市场机制总会达到资源最优配置。另一种情况是双方交易费用不为 0，若交易费用不高，人们可以通过合理议价解决资源配置问题；若交易费用相对较高，则科斯产权理论就失去存在的理由。交易费用为 0 或者交易费用太高两端之外则可以通过产权的明晰结合市场机制解决达到资源配置的最佳效率。生态保护补偿就被视为一种基于自然资源管理规定，产生于生态系统服务使用者和提供者之间的自愿交易，对于被补偿的生态系统服务进行有条件的付费（Wunder，2015）。然而，我国农地所有权与使用权相分离的特殊权利结构，决定着科斯定理所讨论的产权界定无法实现交易成本最小化（罗必良，2017）。

庇古税更倾向于政府干预，主要是采用政府征税和补贴的方法。而科斯并不认同庇古的观点，认为外部性的解决不需要政府干预，完全可以通过明晰产权和市场作用来解决外部性。庇古税和科斯定理各有利弊，美国经济学家戴尔斯就认为唯有二者有机结合才会效果显著，单纯依靠政府或市场作用均不能有效解决外部性问题（邵彦敏、杨印生，2008）。以中国环境治理为例，政府作为公共利益受托人，长期在环境治理中占据主导地位，但政府规制强度不够或激励不足会造成污染源企业缺乏内生治理动力，造成政府失灵，只有政府、市场与社会多元协同治理才能真正提高社会福利（张同斌等，2017）。在解决农地保护外部性时，也需要多种方法相互配合。

由于农地保护外部性的存在，理性的经济人不会主动对农地资源进行保护。农地资源所提供的生态服务价值的权益不好界定和评判，必须通过政府的有效制度纠正扭曲的市场偏差，在明确农地所有权和使用权的前提下，引入政府干预，通过征税或补贴，使生态效益和社会效益得以实现，从而实现农地资源的有效利用与配置，达到帕累托最优状态。

二、公共产品理论

传统公共物品理论由萨缪尔森于 1954 年提出，公共物品是"每个人对这种产品的消费，都不会减少其他人对它的消费"，并于 1996 年将其再次定义为"所有成员集体享用的集体消费品，社会全体成员可以同时享用该产品，每个人对该产品的消费都不会减少其他社会成员对该产品的消费"。公共产品可分为纯公共产品和准公共产品，纯公共产品具有非竞争性（Non-rivalry）和非排他性（Non-excludability）两大特征。譬如，自然景观、清新的空气在供人们消费时属于纯公共产品。现实中纯公共产品不多，大部分是介于私人产品和公共产品之间的准公共产品，比如收费的桥梁、公路、电影院等。准公共产品兼具公共产品和私人产品的某些特征，既具有个人所控制部分，又有社会共享部分。

按照公共产品的概念即消费某种产品时不能影响其他人消费也不能阻止其他人消费可知，农地所提供出的生态产品，比如涵养水源、净化大气和生态服务系统修复等功能被消费时不能排他也不具有竞争性，是人类生存发展所必需的公共物品（孙庆刚等，2015）。但农地所提供的实物性服务产品具有私人产品的特性，具有排他性和竞争性。实际上，农地资源是介于私人产品与公共产品之间的准公共产品。农地保护公共产品的属性使得成员的农地保护行为具有偏离社会最优状态的天然倾向（钱忠好，2002）。由于公共产品免费搭车问题的存在，完全依靠市场不能解决所需公共产品的有效供给，使得公共产品的政府供给成为必然。

在当代社会中，市场机制负责实现运行效率，而管理当局则需负责市场运行的社会后果，公共物品的这些属性导致了市场机制的失灵，国家有责任纠正市场失灵，建立和维持社会保障体系对市场活动中的各种弱势群体实行保护，促进资源的合理运用，保护生态环境。因此，为确保这一特殊产品的供给与需求，管理当局应通过政府管制和引入市场机制两种相结合的方式，激励生态保护者继续供给生态产品。

农地资源公共产品属性决定了在自由市场和无政府监管下产品供给面临不足，生产者不会自愿保护人人都受益的准公共产品，因此，对农地保护措施视而不见，而消费者不主动承担所消费产品的费用，处于免费"搭便车"之中。针对特殊公共产品免费"搭便车"行为，农地的生态补偿机制能有效抑制生态产品免费"搭便车"，并使生态投资者和生态保护者能得到合理回报，从而激励公共产品的足额供应，其本质是一种经济利益再分配制度。

三、资源价值论

自然资源价值理论是农地价值与估价的基础。古典经济学家威廉·配第提出"劳动是财富之父，土地是财富之母"，强调财富主要是生产创造出来的，而不是流通创造出来的，首次肯定了土地资源的物质价值（钟骁勇、李洪义，2020）。亚当·斯密认为在没有资本积累和土地公有情况下，商品价值是由劳动时间决定的；而在有资本积累和土地私有情况下，则是由工资、利润和地租决定。马克思批判性地提出了地租的概念，认为价值是凝结在社会中的一般劳动。自然资源是一切有用且具有稀缺性的自然物质或自然环境，是天然生成物或者作用于其上的人类活动的自然物品总称。按照马克思资源价值论，原始森林没有凝结人类劳动，其没有价值，资本是"死"劳动，不创造价值等。随着社会的发展，资源无价论显然不符合社会现实而且弊端逐渐显现，例如，社会对自然的轻视和浪费，自然资源被掠夺性开发、破坏和公地悲剧时有发生。

当然作为一个人工的自然综合生态系统，农地经过若干年劳作，凝结了人类的劳动，根据马克思劳动价值论，其具有价值。对资源价值的理解还可以从效用价值入手。效用价值论认为商品价值取决于带给他人的效用，是用物品效用的一种主观心理评价来解释价值及其形成过程。按照效用价值论，自然资源是有价值的，但无法解释"为什么水的用途最大，却很便宜，钻石基本没有实际用途，却很贵"的价值悖论。因此，一般效用价值论不足以解释资源价值问题。虽然满足人的欲望和需求的物品效用价值论认为资源是有价值的，但却可能出现价值悖论。于是克服价值悖论的边际效用价值论产生，边际效用价值论几乎是英国的杰文斯、奥地利的门格尔和法国的瓦尔拉斯于19世纪70年代同时提出的（王军，2009）。边际效用价值论认为商品的价值是由其边际效用决定而不是由总效用决定的，同时物品的边际效用存在边际递减规律，随着商品消费的增加而减少。边际效用价值理论克服价值悖论，也能解释为什么钻石比水昂贵的原因。

目前效用价值论存在的主要观点可以归纳如下：①价值起源于效用，但稀缺价值论和边际效用论是相伴而生的；②价值取决于满足人们最后那一单位商品的效用的边际效用量；③边际存在效用递减规律；④效用量大小取决于供给和需求曲线，物品的价值最终由效用性和稀缺性共同决定（张效军，2006）。

资源本身所具有的使用价值（资源的内在属性）以及由于人们过度使用资源造成资源的稀缺性和有限性（如耕地的稀缺性），构成了自然资源具有价值的充分必要条件，也是研究者对自然资源进行定价的原理和准则。

农地的效用主要体现在资源的生产、养育和保障功能上，向人类提供所需的粮食、果实、药材、纤维等各种实物型产品和非实物型产品，如清新的空气、开阔的空间、优美的景观等。根据效用价值论和资源价值论，农地资源的价值不仅有体现在市场经济中的实物型价值，而且也应包括无法通过市场反映的非实物型产品和服务的价值，该部分价值外溢于其他产业和部门，属于非市场价值部分。俞奉庆、蔡运龙（2003）认为调节气候、净化空气与美化环境、维持生物多样性等方面的价值就是耕地生态价值，是耕地及其地上作物共同构成的生态系统所提供的产品和服务。赵荣钦等（2003）把农地资源价值分为直接价值和间接价值。比如，可以商品化的产品具有直接价值，具体指农田生态系统服务提供农产品和轻工业原料等；农田的碳汇、调节气候、改良土壤、维持生物多样性及生态平衡以及提供美学、文化、教育、精神等功能和价值属于间接价值。

基于农地承担着重要的社会服务和社会保障功能，有些学者还指出农地具有社会价值或者社会保障价值。俞奉庆、蔡运龙（2003）把社会价值归于间接价值，比如，农田提供就业保障、粮食安全保障和维护社会稳定等方面的价值就属于社会价值，是直接的物质或者经济价值转化为社会功能方面具有的价值。刘慧芳（2000）根据作用主体不同而把农地所产生的社会价值分为对农民的社会保障价值和对全社会的社会稳定价值。陈丽、曲福田等（2006）也从社会保障和社会稳定两个方面来理解农地的社会价值。黄贤金、张安录（2008）把土地资源价值分为市场价值和非市场价值，其中市场价值又可以细化为直接利用价值和间接利用价值两种，而非市场价值可以细化为选择价值、存在价值和馈赠价值三种。所谓选择价值实际上是一种保险金，即为了未来可能会需要使用某种资源，现在愿意提前支付的货币。犹如现在购买保险，为了未来不确定事件而愿意花费的代价；基于伦理道德，人们为确保服务功能或者物种能够继续长时间存在并愿意支付的价值是存在价值；基于可持续发展理念和代际之间公平性，人类代际之间都有公平享用农地资源的权利，为了保证子孙后代能有农地资源，现在人们愿意付出的代价即为馈赠价值。

另外农地的价值还可分为使用价值和非使用价值。非使用价值是指某种资源客观存在但不一定为消费者所使用的价值，例如，农地保护带来的水土保持、生物多样性、景观环境等。而农地保护带来的农产品供应、粮食安全、社会稳定等价值则属于使用价值（唐忠、魏素豪，2018）。农地还受到外界社会经济环境的影响，因此，在分析农地价值构成时，需要将农地系统内外部所有要素进行综合考虑（毛德华等，2018）。

四、福利理论

学者郑功成从社会学角度阐述福利概念，把福利分为个人福利和社会福利。一般我们认为"幸福""快乐"是个人福利的同义词，而社会福利是指一个社会中全体成员的个人福利总和或者是个人福利的集合。可以看出社会福利是一个整体的概念（郑功成，2000），但社会福利又不是个人福利的简单相加。经济学上，福利又称为"社会福利"，指国家以津贴、补助和基础设施改进等为主要手段，以社会保险、社会救助和社会保障为主要内容来提高社会成员生活水平和生活质量，最终目的是社会资源优化配置和增进群体社会福利。

实现经济主体福利最大化一直是经济学的目标，而福利最大化就是消费一定的商品或服务而得到的效用最大化。新古典经济理论认为效用是主观的表达，而非客观阐述，是个人或集体福利的指数，不同的个体或者消费者效用不同。福利分析过去常常建立在序数效用论的基础上，因此只能比较效用的高低，却不能以数量来衡量。而经济学家能够对个体福利状况进行衡量是建立在效用可以直接计量的假设之上，这也就是我们所称基数效用论。现实中，我们对社会福利均衡化衡量或者非均衡的多数研究认为社会福利可以作为线性个体加总，但集体福利水平研究中并不能简单将个体加总，例如，有时需要考虑集体福利水平差异性与均衡性，若集体福利水平很高，但个体间分配不公，差异性较大，若简单加总，得出的福利总和不具有任何意义。因此，集体福利要考虑个体水平的差异性，若差异性不大，则可以考虑将个体福利水平的中位数作为福利水平来衡量；若差异很大，可以用最低的个体福利水平来衡量（陈竹，2011）。

1920年庇古在《福利经济学》中提出了社会资源的最优配置，但如何实现庇古并没有在该书中阐述和解决。为解决这一问题，经济学家将帕累托最优理论引入福利经济学理论，形成了新福利经济学。帕累托认为自然资源生产和分配时达到某一种状态，在这种状态下若重新分配资源配置方案，则不会存在所有人处境更好，必须有任何一人的处境变坏的情况下使其他任何一人的处境更好，这时的各部门资源分配才达到最优状态，就意味着生产资源的配置已经使得社会福利达到最大值（余仕麟，2005）。帕累托最优的核心是效率而不是公平，认为只有经济效率问题才能实现社会的最优状态，它的缺点是仅仅解决了效率问题，没有解决分配公平问题，因为只有效率和公平问题同时解决，才能实现社会福利的最大化。

农地保护行为不仅能使农民获得经济效益，而且创造了生态价值和社会价值，满足了全社会的生态和社会需要，影响着个人福利。在我国严格的农地保护制度下，农民受到个人利益以及公共福利的双重损失（叶剑平，2010）。一方面，农民在维持耕地农业用途时，失去了转为非农用地以获得更高的比较收益的机会（周小平，2010）。另一方面，现实中农民只得到了经济效益，为社会创造的生态和社会效益没有得到补偿，全社会居民享受着粮食安全、社会稳定等生态社会效益，却并没有支付一定的费用。这严重违背了福利经济理论中的收入分配均等化原则，并且也不满足帕累托最优状态。应通过一定的经济补偿，即计算农地的非市场价值，由享受生态社会福利的居民向创造福利者支付一定的费用。农地保护经济补偿在实现双赢的同时实现了社会福利的帕累托最优。

第四章 农地保护利益主体及外部性探讨

第一节 农地保护利益主体及行为决策

外部性内化的核心是建立农地经济激励机制,但经济利益分配格局确定之前政府和研究者需要解决补偿"哪些人""谁补谁""补多少""怎么补"等问题。同时必须了解不同利益主体的利益诉求及价值取向,分析其诉求导致的行为倾向,依此来制定经济激励措施。本节界定不同利益主体,并从心理、预期和价值取向等层面透析不同利益主体行为决策,找出促使均衡结果合理化的因素。

一、农地保护主要利益主体

利益主体或利益相关者是一个群体,由于群体的支持与参与,某一活动才得以维系(谭术魁、涂珊,2009)。农地保护利益主体就是支持或参与农地保护活动或与农地保护活动有密切关系的相关群体。柯水发(2007)认为,在退耕还林工程中,应根据利益密切程度,把相关者划分为主要、次要和潜在三种利益相关者。本书研究主要考虑的是主要利益相关者,包括中央政府、地方政府、农地种植者(农民)和消费者(市民)。

(一)中央政府

中央政府是国家全局和全民整体利益的代表,为了社会可持续发展,不仅要考虑当代人利益,与此同时也要考虑后代人利益,为子孙后代谋福利。在农地保护中,中央政府承担着保障国家粮食安全、维持社会稳定的重要职责,面对我国农地保护严峻的形势,提出坚守18亿亩耕地红线不动摇,并颁布各种土地政策和制度,严格控制建设用地占用农地,维持耕地数量动态平衡。同时，中央提出了加强耕地数量、质量和生态"三位一体"的保护制度，加快农业发展方式转变，推进农业绿色发展，促进农地保护与经济、社会的协调可持续发展。

（二）地方政府

地方政府是国家政策在地方的具体执行者与落实者。农地保护政策与方针只有通过地方政府的执行与落实，农地保护工作才能有序开展，具体就是确保本辖区耕地面积数量和质量不减少与降低。地方政府一方面要落实国家农地保护政策，完成中央政府分配给地方的农地保护指标的职责；另一方面也有发展区域经济增加地方财政收入的诉求。具有"经济人"思维的地方政府要确保本辖区居民温饱问题解决和生活质量提升，需要保障一定量农地资源，但也具有寻求经济发展的内在动机。地方政府拥有土地实际管理权，在规划限制和行政控制下地方政府能有效规避风险（马文博，2012），实现地方发展的目标。

（三）农地种植者（农民）

民以食为天，农作物的种植者以土地为生存之基础，具有较强的生活保障。种植者通过精耕细作、投入化肥农药等以增加农作物产量，改善农业生产条件，虽然这些努力是利己的行为，但农业种植中不仅有物质产出，同时还会生产出无形的生态产品，如清新的空气、秀丽的风景、宜人的气候等，这些产品通常是无偿提供给社会的。随着经济发展，劳动力成本和生产资料成本不断提高，农产品价格仍保持稳定低位，导致种植农作物经济效益较低，农民的种粮积极性大打折扣。同时，城镇化加速推进，吸引了大批农村剩余劳动力到城市务工，外出务工的报酬远高于经营家庭承包的小块土地经济收入，因此，部分农民不愿被束缚在土地上，会选择兼业经营或流转，甚至抛荒、撂荒。这将导致农地生态服务质量的降低甚至不再有生态服务的供给。

农地"三权分置"改革实现经营权与承包权分离，放活经营权和发展适度规模经营，提高土地产出率，打破传统的小农户农地经营的弊端。新型职业农民、家庭农场、农业合作社等新型农业生产与经营组织在减碳增汇型可持续农业技术运用，推进农业农村绿色发展方面发挥着越来越重要的作用。本书用农民这一词汇代替散户、新型职业农民、家庭农场、农业社会化服务组织等各类新型农业经营主体。

(四) 消费者 (市民)

非农作物种植者是农地生态服务的享用和消费者，在此界定为城镇居民（市民）。伴随着生活质量的提高，人们对生态环境的需求层次也不断提高，对生态产品和农产品的质量要求也日益提升，人们日益增长的需求能否得到满足，主要取决于农地质量，而农地质量的持续改善有赖于农民对土地的精心维护。由于农地资源是准公共产品，其外部性决定了城市居民可以无偿地享受到农地保护带来的益处。城镇居民也是理性"经济人"，追求自身利益的最大化。他们希望继续无偿地享受现行的生态服务或者在可接受的支付范围内给予供给者补偿，以提高生态产品质量，满足其更高层次的需求。

二、利益主体行为决策

(一) 农民和市民行为决策

农地所产出的实物性与非实物性产品特性决定了其在使用过程中面临稀缺与供给不足问题，同时对于非实物性生态产品供给存在搭便车现象，若不加以纠正，则会存在资源配置无效率问题。

把土地作为生活来源的农民，从农地中获得经济收益是首要目标。一方面，农民采用先进的保护性耕作技术、合理的耕作制度，改善生产条件，提高农产品质量，获取农业生产收益，这种保护农地利用方式下的农民的经济利益为 A_1。另一方面，为追求短期经济利益，农民在耕作中可能过度使用化肥、农药，短期内农药遏制病虫害，化肥促进农作物生长，获得较高产量与收益，但长期会造成土壤板结、水源污染。此外，农地资源比较经济利益低下，较低收益使农民对精细化耕作积极性受挫，保护土地的主动性不强。面对土地流转和外出务工的高收益，农民会选择兼业化经营、粗放经营，甚至抛荒、撂荒。在不保护农地的情况下农民的收益为 A_2，则经济利益 $A_2>A_1$。随着生活水平的提高，人们对生活环境需求层次越来越高，对农地提供的生态产品需求也就更高，如净化空气、美化景观。市民对这种生态产品和高质量农产品有需求但是否支付费用有自己的理性选择策略，选择有两种：一种是购买生态产品（给予供给者补偿）继续消费该产品，二是不购买从而放弃消费（不补偿）。生态产品不具有排外性，所以搭便车成常态。消费者在供给者保护农地时的收益为 B_1，在供给者不保护农地时的收益为 B_2，则 $B_1>B_2$。

作为理性的行为主体，农民出于提高自身的收入水平需求和权益，主观上进行农地资源保护和可持续耕作的意识淡薄。保护性耕作提高了农产品的质量、改善了农业生态环境，农地保护对于农地非农化、非粮化起到关键作用，但会降低农民收入，农民是否会全面落实农地保护和保护性耕作取决于消费者给予的激励，但市民有免费搭便车行为，没有约束和协调情况下不会主动给予享受的生态产品与服务付费。最终市民不会主动付费，农民不会主动保护，个人最优与社会最优之间存在不一致。

若改变两者行为决策，市民付费，而农民主动进行保护，即消费者给予产品供给者补偿，补偿量应依据不同行为决策时收益之差而定，则个人最优与社会最优达到一致。补偿量应大于 A_2-A_1，即补偿额度大于不保护土地状态下的收益与保护土地收益的差额时，农民才愿意保护农地；补偿量小于 B_1-B_2 时，市民才愿意支付补偿。

(二) 中央政府与地方政府行为决策

理性经济人都在寻求自身利益最大化，中央政府和地方政府也不例外。为了"中国人的饭碗任何时候都要牢牢端在自己手中"，坚守住18亿亩耕地红线，维护粮食安全和生态安全，实现国家利益整体最优，中央政府制定了一系列政策与策略，加大了农地流转难度，降低了农地流转概率。中央政府下达了一些指标，比如，新增建设用地占用耕地指标、耕地保有量指标，并实行首长问责制、粮食安全责任制考核，而地方政府理应对中央的举措严格执行并落实，从而起到保护农地资源的目的。地方政府一方面制定相应的规章制度保障农地保护政策的实施，按照中央政府的指令，履行其职责；另一方面，地方政府也有发展经济的诉求和内在动力。

在农地资源保护过程中中央政府可能会存在信息滞后现象，导致双方存在信息非对称性，而中央政府通过抽查与监督降低信息偏差。中央政府制定农地保护政策，要求地方政府按照中央农地保护规定落实每一项任务目标，比如，对于非农建设用地占用耕地问题，期待以指标的受限达到保护耕地资源的目的。地方政府基于地方发展诉求，当中央分配的指标不足以满足区域发展时，地方政府有保护耕地不占用分配指标之外多余耕地，或不完全保护耕地而占用指标之外多余耕地两种选择。中央政府为确保其下达的耕地保护目标实现与完成，可能会对地方政府进行抽查，监督其完成情况，当发现地方政府违规，将对其处以罚款。

中央政府抽查与监督时，地方政府行为可能存在不被发现和被发现两种情况。不被查处时,地方政府在不完全保护农地的情况下也能获得较高利益,中央政府收益没有达到最大化,社会总效用也不是最优。若地方政府的违规行为,中央政府一经抽查与监督就能发现和查处,处罚力度大小决定了地方政府行为态度,因此,中央政府应该监督地方政府的行为,并且降低监督检查的成本,提高对地方政府违规行为的处罚力度,确保地方政府实行完全保护的行为决策。

总而言之,在中央政府和地方政府行为决策过程中,仅有中央政府在出台了严格的保护制度后,严格按照法律制度执法并加大违法的处罚力度和监督力度(胡耀岭、杨广,2009),农地资源保护目标才能实现,法律威慑力才能体现。

(三)政府与农民行为决策

近年来,随着对农地生态环境和土地质量的重视,"重用轻养"掠夺式耕作将退出舞台,保护性耕作进入人们视野。保护性耕作是一项能够实现作物稳产高产与生态环境保护双赢的农业可持续生产技术,它的核心要求是在不翻耕土壤、地表有秸秆覆盖的情况下进行少耕、免耕播种,提升土壤肥力和碳封存能力,维持生物和景观。近年来,为引导农户由高投入、高污染的传统农地利用模式向保护性耕作技术(化肥、农药、杀虫剂等减量投入)模式转变,国家一直在努力寻求制度改进和创新。

农地保护性耕作具有较强外部性,其产生的价值不能在市场上直接体现,农民不能获得相应的收益,同时保护性耕作技术投入成本较高,回收周期较长,且回报不稳定等,导致保护性耕作技术采纳行为意愿不太高,保护性耕作积极性严重受挫。政府追求的是农地保护的生态和社会综合效益最大化。为了提高农民保护农地积极性,提升耕地质量,使得综合效益最大化,地方政府一方面应加大对农业的投资力度,如加强农田基础设施建设、推广新型耕作技术、培养新型职业农民等,以此来提高农业生产效率,进而提高生产收益;另一方面政府需要加大对农业生产的投资力度以及对农民的补贴力度,提高其保护农地的积极性,以实现农地绿色发展目标。

若国家鼓励农户进行保护性耕作技术,改变传统耕作模式向保护性耕作模式转变就须依托政府和管理部门给予除种粮直补、农资综合补贴、良种补贴等农业支持保护补贴之外的传统耕作模式与保护性耕作模式收益之差的资金和政策扶持补贴。

（四）地方政府间行为决策

由于区域经济发达程度的不同和资源禀赋的差异，地方政府之间分配到的非农建设用地占用指标和农地保护责任有很大差距。由于经济较发达地区发展势头强劲，为进一步促进经济发展，国家给予较多的建设占用指标，而经济发展较落后区域，经济发展潜力不足，分配到的指标较少，同时却要承担较多的农地保护责任，进一步限制了该地域的产业升级和经济转型。在没有相关制度的平衡和调节下，若切实履行保护责任，发展受限区域利益可能会受损，而重点开发地区则会出现暴溢现象。

在区域层面，资源保护较多区域的发展受限和保护较少地区暴溢，而区域之间存在着经济环境流通和扩散，致使两者间呈现受益者和保护者的关系。在追求自身利益最大化的目标下，都希望其他参与者承担更多农地保护面积而减少本地区保护数量，主动保护农地积极性较低。地区之间即地方政府之间是否可以达成协议形成保护与补偿的合作关系，从而促使两者之间福利均衡？同样行为决策难以实现，必须依赖中央政府监督和行政管制政策，促使区域各级政府和部门的职能相互协调形成合力，推动农地保护工作高效运行。毛显强、钟瑜（2008）认为即使地方政府自由协商达成一致，若没有中央政府行政管制保护补偿政策也难以形成，蔡银莺、张安录（2010）指出必须发挥市场和中央政府行政管制的双重作用，建立激励相容补偿分配制度。

三、利益主体管理策略

通过农地资源保护主要参与者中央政府、地方政府与农民之间的行为决策可知，若要个人最优与社会最优保持一致，达到社会福利最大化，可以通过制度策略、激励策略、协议策略与市场策略使得多元利益主体间达成相互合作，减弱或消除行为阻力。

政府通过立法、规划等政策的实施来强化农地保护制度。一方面，农地保护中耕地保护红线的划定及资源分配可以建立区域间转移支付制度，划分中央和地方财权事权，明确管理者保护权益和责任追究。另一方面建立生态补偿立法，做好顶层制度设计，确保农地保护者权益的实现。

可以通过激励策略满足利益主体诉求从而引导行为主体主动保护农地资源，农地保护中明确保护目标与补偿的范围、奖励标准等具体事项。市场策略主要发挥市场作用，利用碳汇交易、生态产品溢价来解决生态产品供给问题。

协调策略主要是地方政策之间建立农地保护责任与义务相互沟通、协调商议策略，解决保护责任多寡与经济发展受限问题。

通过以上策略给予农地保护责任较多地方政府政策倾斜（技术支撑、金融支撑）以及均衡性的转移支付，达到区域间农地保护与社会经济协调发展。对散户、新型职业农民、家庭农场、农业社会化服务组织等农地保护主体的保护行为进行现金补偿、技术服务、教育及金融支持，以促使保护农地积极性与主动性的提升，同时通过碳交易以及有机产品、绿色产品认证来显化生态产品价值，提高保护者收入水平。政府作为管理主体，通过制度设计以及各种策略，构建多层次农地保护管理体系，进一步整合市场、非市场激励补偿方式，建立健全利益协调、激励和约束机制，助力农地保护制度落实和农业可持续发展。

第二节 农地保护外部性及空间转移

一、农地保护外部性权衡

农地保护提供的社会效益和生态效益可以使社会公众受益，具有消费的非竞争性，且任何人都可以进行这种产品的消费，具有消费的非排他性，所以农地保护具有公共产品特性，这种公共产品被置于公共领域。农地的正负外部性同时存在，农业具有生产功能、社会保障功能、环境生态功能等，但与此同时，农业生产过程中由于化肥、农药、地膜等化学投入品不合理使用，以及畜禽水产养殖废弃物、农作物秸秆等处理不及时或不当，造成土壤污染、水体污染以及食品质量安全等。随着社会工业化进程加快，农业的负外部性层出不穷，农药化肥的过量施用，引起诸多环境问题。如何权衡农地正负外部性，并对其进行转移呢？

从整体而言，保有农地的经济外部性大于其负外部性。杨志新（2007）通过核算北京郊区农田生态系统正负效应价值，计算出正负效应之比为34.4：1。从现实角度，农业的重要地位不言而喻，其外部效益远大于外部性所产生的成本。但是在现实社会中人们更多关注负的外部成本，而忽视正的外部效益。若是对负外部性经济主体进行处罚，而忽视外部性经济主体正的供给，则不利于社会公平，经济主体就会减少供给，从而损害利益相关者的利益。农业种植过程中，实施主体为农民，由其提供公共产品，但在片面追求产量时大量使用化肥农药等，带来资源环境破坏与污染。在农业比较利益较低的情况下，污染者或者损害者支付能力有限及付费操作困难时，损害由社会承担，而对于农地资源所提供的正外部性给予补偿，负外部性国家给予补贴削弱影响，不仅在理论上成立，实践上也是可行的。传统观点中关于污染损坏的责任分担由发生之处负责逐渐转换甚至被取代为损害由社会承担，得到了法学界的认可。当然若仅仅给予补偿奖励，而负外部性不加以考虑，则污染破坏等环境问题日益严重，同样损害相关群体利益，所以两者必须兼顾。其实外部性理论在解决问题时也在寻找一个平衡点，不仅把公平作为主要价值观，同时要兼顾社会经济效率（罗士俐，2009）。对于负外部性，由国家和社会个人遵循责任共享原则赔偿；对于正外部效益，由受益者给予补偿。

二、农地保护外部性分类

（一）农地保护本身外部性

农地保持农用或者开发都会产生显著外部性，产生溢出效应。由于地块之间生态流和经济流相互作用，不同土地利用策略下社会福利不同。外部性的溢出效应在相邻地块表现得更加明显，若受市场的自由支配，利益相关者会如何做出个人的最优决策？

土地所有者 1 和 2 所拥有的两地块间存在相互影响与作用，为便于分析两地块之间的相互影响与作用，提出以下假设条件（Lewls and Barham，2007）。

（1）两地块的土地是均质的；

（2）每块土地肥力和管理能力是一固定参数 Q；

（3）假设土地使用者及地块处于一个封闭系统中，某一地块对另一地块有影响，但反过来不成立；

（4）仅有两种不同的土地利用模式 A 和 B；

（5）土地使用者 1 和 2 都是理性的经济人。

土地使用者种植农作物所获得利润与收益如下：

对于土地使用者 1 而言，A 和 B 净利润为 $R_1^A = F(Q_1)$ 和 $R_1^B = G(Q_1)$。

对于土地使用者 2 而言，A 和 B 的净利润会被土地使用者 1 的土地利用决策影响，若两者之间没有任何联系，不存在外部性时利润为 $R_2^A = F(Q_2)$ 和 $R_2^B = G(Q_2)$；当然两地块相邻，必然会产生外部性，净利润因此被改写

为 $R_2^{A,U_1}=F$（Q_2/U_1）和 $R_2^{B,U_1}=G$（Q_2/U_1），U_1 代表土地使用者 1 的土地利用决策对土地使用者 2 所产生的外部性影响，具体见表 4-1。

表 4-1 土地利用模式与景观格局

景观格局	土地使用者 1 利用模式	土地使用者 1 均衡条件	土地使用者 2 利用模式	土地使用者 2 均衡条件	总体福利
（A，A）	A	$R_1^A>R_1^B$	A	$R_2^{A,A}>R_2^{B,A}$	$R_1^A+R_2^{A,A}$
（A，B）	A	$R_1^A>R_1^B$	B	$R_2^{B,A}>R_2^{A,A}$	$R_1^A+R_2^{B,A}$
（B，A）	B	$R_1^B>R_1^A$	A	$R_2^{A,B}>R_2^{B,B}$	$R_1^B+R_2^{A,B}$
（B，B）	B	$R_1^B>R_1^A$	B	$R_2^{B,B}>R_2^{A,B}$	$R_1^B+R_2^{B,B}$

表 4-1 显示：对于土地使用者 1 来说，若 $R_1^A>R_1^B$，其将选择土地利用模式 A。而对于土地使用者 2 来说，将受到土地使用者 1 的土地利用 A 模式的影响，在其外部性的影响下，若 $R_2^{A,A}>R_2^{B,A}$，则土地使用者 2 同样选择土地利用模式为 A，这时社会总体福利为 $R_1^A+R_2^{A,A}$；若 $R_2^{B,A}>R_2^{A,A}$，则土地使用者 2 选择 B 土地利用模式，社会总体福利水平为 $R_1^A+R_2^{B,A}$。

地块之间外部性的影响决定了土地利用的模式和格局，若不确定 R_1^A 与 R_1^B 之间的关系，土地使用者 1 和土地使用者 2 的决策可能形成 4 种土地利用景观格局，分别为（A，A）、（A，B）、（B，A）、（B，B）。

以地块 2 为基准，假设我们不能确定 $R_2^B-R_2^A$ 的大小，由于土地使用者 1 的土地利用决策影响到土地使用者 2 的决策，土地利用格局从（A，A）转变到（A，B），可以断定两地块之间存在外部性的影响。若从（A，A）到（B，B），则不能确定两者是否存在外部性的影响所导致的土地利用模式发生变化。因此，利用相同的逻辑，（A，B）模式转变为（A，A），（B，A）模式转变为（B，B），（B，B）模式变为（B，A），能推断出空间外部性导致的土地利用模式的转变。

若我们能确定 $R_2^B-R_2^A$ 的大小，$R_2^B-R_2^A>0$，土地利用模式与景观格局为（A，A），则说明 $R_2^{B,A}<R_2^{A,A}$，能直接断定出两地块之间存在负外部性的影响。利用相同的逻辑，$R_2^B-R_2^A<0$，则（A，B）说明两地块间存在负外部性。其他的模式转变的正负外部性的确定需要了解空间外部性影响大小。如 $R_2^B-R_2^A>0$，两地块不存在相互作用和影响时决策应是（A，B），理性土地使用者 2 选择 B 土地利用模式，存在外部性显示 $R_2^{B,A}>R_2^{A,A}$，说明两地块的外部性可能是正的或者是负的。无论正外部性或负外部性，最优的利用模式决策或者政策设计能提升整个区域的福利水平和价值。

理论上，农地外部效益的空间外部性转移需要知道其他外在影响造成土地收益的变化及不采取任何干预政策时，市场的自我配置和调节。当然这种自我调节仅仅是满足土地利用决策者私人利益，并不能获得社会福利最大化。上层决策设计者可以参考自我调节所要达到的满足程度，来确定转移外部性所给予税收或者给予补贴的额度，从而达到对农地外部性空间转移，对农地外部不经济性加以削弱和控制。

（二）农地规划管制引起的外部性

农地规划管制是国家决策对资源禀赋、社会经济发展、环境承载能力等综合考量的结果，也会带来诸如人口、收入、基础设施等影响，且产生时空效应。我国现行农地的各种规划控制制度目标是数量上的管控，质量上未能达到预期效果，但空间规划管制的结果，使农地发展受限，失去发展的机会，在农地比较利益低下的情况下，造成限制发展区相关群体的福利"暴损"与非限制发展区福利"暴溢"，形成"暴溢－暴损"困境。农地规划管制归根结底是国家利用公权干预农地资源有效配置的一种制度安排，这种空间规划管制源于德国，随着发展与成熟，在美国、英国、法国和日本等国家有序推进。1906年美国开始采用土地用途分区管制来保护经济效益低而社会和生态效益较高的文化古迹用地（文兰娇、张晶晶，2015）。20世纪60—70年代，美国对农地进一步管制，把农地划分为限制发展的绿地（Green Land）和可发展的白地（White Land）两种类型。

2006年我国《全国主体功能区规划》将国土空间划分为四类主体功能区，分别为优化开发区域、重点开发区域、限制开发区域和禁止开发区域。由于区域间经济发展和自然资源禀赋差异性，各区域保护量呈现出非均衡性，由于农地保护引起的国家粮食安全和社会保障效应具有很强的外部性，逐步演化为区域间的利益分配不公和经济发展的差距拉大。

三、农地保护外部性空间转移

不同区域的经济主体出于该区域经济利益的衡量，通过某种策略选择将风险转嫁给其他区域或者空间，形成风险及外部性的空间转移，或通过时间影响的滞后性转移到下一代。可转移外部性意味着可以将风险转移到其他地点或通过时间转移到另一代，以保护自己免受外部性的损害。事实上，这些策略选择并不能从根本上解决外部性问题，仅仅形成外部性的时间和空间转移。

外部性的内在化一般有政府补贴和产权交易两种思路。庇古认为解决外部性需要税收和津贴方法，利用政府干预的方式来解决资源环境生产与消费中的外部性。科斯手段侧重运用产权理论，利用市场机制来解决该问题，认为要赋予明晰的产权，若交易费用为零或较小时，市场交易机制完全能有效解决外部性存在的问题，达到外部性内化的目的（刘小红等，2009；刘春江等，2009）。如果交易费用不为零，就可以通过产权结构的界定与明晰来实现外部性内化，提高资源的配置效率，达到帕累托最优状态，因为只要产权界定清晰，交易双方就会力求降低交易费用，使资源配置达到产出最大化、成本最低，因此，外部性问题完全可以依赖于市场私人合约或契约行为来解决。但现实的问题是交易成本不会为零且可能是高昂的，彻底界定产权代价巨大。我国农地保护涉及种植者（供给者）和消费者人员众多，不可能依赖于市场进行谈判达到资源配置效率，导致农地保护外部效益置于公共领域并被免费享用。如何设计相应的外部性空间转移方案来实现农地保护外部性效益内部化值得探究。

依据农地外部性空间转移的一般原则，需要国家作为第三方参与管制。由于外部效益界定困难，消费者和供给者信息缺乏对称性、涉及人数众多且易搭便车等问题存在，消费者和供给者难以自我形成市场均衡，需要具有行政权力的国家作为交易媒介促成交易完成并有效监督。具体可以通过税收和补贴、奖励和惩罚及市场交易方式实现外部性效益的分配。国家可以通过税收立法方式对所有的外部性效益享用者征收农业生态效益税，税收一部分给予农地外部效益供给者现金补贴，一部分用于农地保护基础设施建设、地力培育和管护。当然事前激励和事后约束要充分结合，事后监督同样重要，通过奖励和惩罚机制，提高制度效率。若供给者擅自改变土地用途或者不当利用造成农地质量下降，则要对其进行惩罚，收回补贴，若对农地采取保护性耕作，提高农地生态效益和质量，则在补贴基础上给予奖励。

对于规划管制产生外部性效益仍需要国家作为第三方，在生产者和消费者间起到媒介作用。从宏观层面讨论农地保护外部性转移问题，交易双方较明确，参与人员大致确定，尽量减少谈判人数和谈判次数，降低交易成本，则可以通过市场化达到消费市场均衡。

（一）农地保护本身外部性空间转移

对于农地资源本身所产生的外部效益，除了经济价值之外的其他价值，比如生态价值、社会保障价值、景观休憩价值等在农地收益中难以显现。庇古的福利经济学认为补贴是外部效益内部化最直接的方法（杨惠、熊晖，2008）。通过补贴或者补偿的方式给予农地资源外部效益内化与转移。农业外部性转移方案就是对其产生的外部效益运用政府与市场相结合的手段给予补偿，而对于负外部性要先从环境意识入手，鼓励采取较高生物技术和减少化肥农药的施用，并在环境工程和技术上由国家给予投入。

外部性所产生的生态效益、社会效益具有非市场价值，而且伴随着多变性、不确定性等复杂的属性，无论采用旅行成本法、享乐价值法、条件价值评估法和选择模型法等非市场价值方法还是机会成本法、影子价格法等市场价格方法，其计算结果仅仅是无限逼近，并不能达到准确无误精确计算。同样对于受益者来讲，很难计算出受益者个体分摊数额。因此，在现实中只有通过正式或者非正式的合作和谈判的模式来有效转移外部性，若供给主体意愿得以满足，继续有效供给产品，相关利益群体整体福利增进，就可以认为外部性得以空间转移与内化。

外部效益空间转移与内化的补偿对象为农地的种植者即农地外部效益的供给者。成都、上海浦东、浙江、广州等地实行的耕地（基本农田）保护基金的实践亦属于补偿的一种方式，具有一定的生态补偿性质与功能，但这种补偿的目标的界定并不清楚，对农民来讲是一种提高收入的福利补贴，农民并不一定清楚补偿的意义所在。实践地区的补偿对象为获得土地的直接承包经营者，无论该农地是否流转，都按照承包地的数额给予补偿。对于通过租赁、返租倒包、入股等形式获得农地，真正进行农业生产和种植者并没有获得任何补贴或者补偿，违背了生态补偿的本质与初衷。因此，农地外部效益的补偿对象为农地的种植者和农业产品的生产者，无论该补偿对象来自何处，如何获得农地经营权，都应有权利获得补偿或者补贴。

（二）农地规划管制引起外部性空间转移

发达国家早在 20 世纪中期就开始关注规划管制对经济发展和福利水平分配公平和受限问题的影响，研究者一致认为规划管制会导致管制区域之间福利非均衡性，特别要注意的是发展受限地区的福利暴损。解决区域非均衡发展的策略性政策工具不断涌现，其中具有代表性的是土地发展权移转制度和针对环境敏感的农业环境资助政策（蔡银莺、张安录，2010）。比如，美国有些州将城市建设和农地保护有机结合起来，建立了发展权转移制度，其遵循的原则是政府对土地用途的限制实际上限制了土地发展的权利，被限制区域的土地权利可以通过让渡给其他区域获得的收益，以弥补其产权损失。被限制区域（发送区）和非限制区（接受区）之间的市场交易行为可以满足发展和保护的双重需求。

借鉴国外有益经验，通过制度手段和技术手段平衡利益主体权责利，对于所产生的外部性给予空间转移。为了消除农业发展受限所带来的相关群体利益"暴损"，可以通过财政转移支付加强农业发展受限区域补偿或者补贴，比如对限制开发区和禁止开发区给予优惠政策和补贴，抑制非受限土地的"暴溢"现象，平衡发展受限区与非受限区域间福利非均衡性问题，实现效率与公平的兼顾。蔡银莺、张安录（2011）提出要解决不同区域之间土地资源供需矛盾问题及利益主体发展不均衡问题，可以通过空间规划手段进行引导与约束，比如，采取空间鼓励、空间准入和空间限制等措施与手段。

外部性空间转移方案就是对发展受限区福利受损者给予补偿，实现农田发展受限区与非受限区域的协商和博弈，共同促进经济发展与区域间福利均衡，实现发展与保护的协调统一。

地方政府之间的补偿依赖于受损与得益，运用区域间的生态盈余与生态赤字来考虑区域间的补偿。利用耕地资源的粮食综合生产能力所承载的人口来衡量区域所需耕地面积数量，该耕地所需面积数量与区域实际拥有耕地供给量之间形成盈余与赤字。赤字区无偿享受粮食种植溢于市场之外的生态效益和社会效益，根据"受益付费和受补偿"原则，赤字区应当提供补偿，形成补偿支付区，盈余区应当获得补偿，形成补偿受偿区。

根据被补偿者实际获得补偿的形式与内容来看，主要有直接补偿和间接补偿。直接补偿的补偿对象为集体经济组织成员中获得农村集体土地承包权者，而通过租赁、返租倒包、入股等形式获得农地经营权种植农作物的农民不能获得该部分权益的补偿。间接补偿对象为盈余地区的地方政府。地方政府建立专项补偿基金用于基本农田日常沟、路、渠等农田水利基本设施的管理与维护。

四、农地保护收益分配制度安排

现行的农地保护制度局限性日益凸显，究其原因是农地保护利益主体收益分配亟须改革，需要对现行的分配方式进行合理改进，以提高农地保护制度成效。补偿可以弱化农地农用与非农用间的经济差异，减少资源配置非农化流转的可能性，同时可以显化农地生态服务功能所产生的生态与社会效益，使其纳入到农地经济收益之中。补偿收益分配应依据各相关利益主体特征及其收益贡献程度，遵循"受益付费和受损补偿"原则进行制度安排，本书根据农地保护整体外部性和规划管制的外部性分类，把农地保护外部性和补偿分为横向补偿和纵向的补偿（见图4-1）。

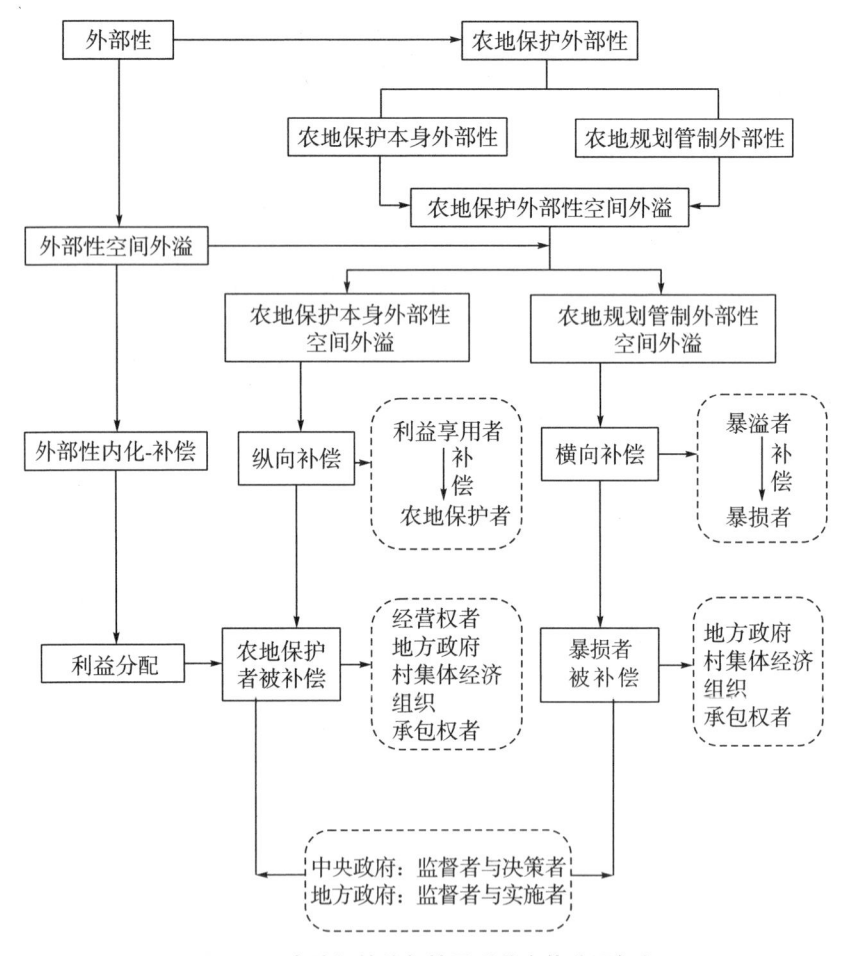

图4-1 农地保护外部性及利益主体分配框架

横向补偿又称区域间外溢补偿，是指农地保护在区域间以及不同社会利益主体间的横向利益分配，按照区域尺度分为两类：①全国层面的省级间的横向分区补偿和支付；②省域内各地地级市（区）横向的分区补偿和支付。该部分资金并不直接发放到农民手中，用于本区域农地保护基础设施改良的经济投入。地方政府行为决策结果显示区域之间不能主动达成共识，两区域都以自身效用最大化为目标，这时需要政府管制与市场机制相结合，若存在受损则补偿额要等于受损地区的受损额，否则将使得受损地区没有保护动力。

根据利益相关者贡献度和特征分析可知，横向补偿中，全国层面省域间的补偿或者支付，应在中央政府的管理与监督下进行，具体补偿或者支付多少根据区域之间经济发展水平和保护农地资源的多寡和质量综合进行核算。对于省域内市县层面间的补偿或者支付，省级地方政府扮演着管理者与监管者角色。中央政府作为社会管制者，在横向补偿中的角色应是"裁判"，主要职责是加强监管，协调区域间利益分配，并规范利益交易者的市场行为，以确保利益分配公平和协调发展。

纵向补偿是自上而下向具有隶属关系的农地外部保护效益的提供者给予经济补偿，如中央政府和省级政府对耕地保护的直接主体农民、农村集体经济组织的纵向补偿措施，这种自上而下的补偿能真正将资金落实到具体的地块和具体的农民身上，直接影响到补偿与保护政策的实施效果。这部分补偿是由于农地保护外部性的直接外溢产生的，该补偿额度与耕地质量、耕地数量有关，理论上来讲与地方的经济发展水平无关，但现实是各地经济发展水平、财政支付能力的差异性，导致实际补偿额度并不同。例如，广东省经济较发达区域是每年每亩地是500元，而经济发展水平较差的地区直接降为每年每亩200元，资金分配差异较大导致公平性缺失及效力下降。

纵向补偿主要是针对农地资源直接产生的外部效益进行的补偿。根据农地三权分置改革，利益相关主体可以分为农民集体组织、承包农户、经营主体。农村集体经济组织是土地所有权者，农户是农地承包权获得者，经营主体是农地资源的直接经营者，随着对农地资源保护外部效益认识的深化，农地资源的直接种植者应该是农地资源保护的外部效益的直接供给者，虽然农村集体经济组织是土地所有权者，农户由于户籍成员身份免费获得承包权，但实际的使用与经营权属于经营主体，所以针对农地资源保护整体外部效益而言，外部效益供应者应是经营权主体，其他相关利益者如地方政府在农地保护中也做出了一定贡献。事实上，农地资源外部效益的多寡也与政府投资基础设施、公共设施整体水平和建设水平有关，但国家为了社会公共利益需要付出的经济成本由国家代表全社会收回，并将收回的这部分价值继续运用到社会发展中去。

第五章　农地保护外部效益测度方法与实证

第一节　农地保护外部效益的测度方法

一、替代成本法

替代成本法（Replacement/restoration Cost Method，RCM）是通过计算替代/恢复一项已经丧失的生态系统服务所需要付出的成本来估算其价值，替代/恢复一项生态系统服务到它原来状态的目的是重新获得消费者剩余和非使用价值。替代/恢复的费用实际上是人们希望继续享受特定生态服务的最大支付意愿。农地外部价值核算方法尚处于探索阶段，对环境产生影响难以直接估算时，可借助于能够提供类似功能的替代工程价值来替代该环境的生态价值和社会价值。如刘慧芳（2000）以保险费趸缴为依据测算耕地社会保障价值，以耕地开垦费、耕地熟化过程的收益损失为依据测算耕地的社会稳定价值。车裕斌（2004）把耕地的生态效益作为可以在市场上交换的商品，以市场上的氧气和水的价格作为耕地造氧价值和涵养水源价值的影子价格，再根据耕地系统的造氧量和涵养水源量确定耕地的造氧价值和涵养水源价值，假设建设一项与耕地系统的净污能力相同的工程，以该工程的投资表示耕地系统的净污价值。胡蓉等（2013）通过计算耕地占用税、耕地开垦费和新增建设用地有偿使用费来替代社会稳定价值。朱俭凯等（2012）通过对集体经济固定资产投资进行修正来获得就业保障价值，结合耕地开垦费标准采用成本法计算社会稳定价值。魏军才（2020）等利用农民缴纳的养老保险金代替养老保障价值，农民缴纳医疗保险金代替医疗保障价值。

资源价值按功能作用可分为使用价值和非使用价值。一般来说，使用价值是指在当前技术条件下某一物品被使用或消费的时候，满足人们某种需要或偏好的能力；反之，现阶段不能利用但又客观存在的物品内在属性称为非使用价值，它与人们是否使用它没有关系（马中，2006）。资源价值按照环境价值所依附的形体，分为实价值（物质性的商品价值）和虚价值（舒适性的服务价值），又可称为有形资源价值和无形生态价值。国际上通常将农地总价值分为市场价值、非市场价值。市场价值的核算较简单，可以依据市场交易平台使用权流转的价格来核算，也可以依据农地资源产出粮食作物与经济作物收益数据采取收益法来核算未来一定年期的价值。但非市场价值量化与核算是一个难点。

农地保护非市场价值与农地的功能有着密不可分的关系，价值核算就是对功能的货币度量。国内学者从农地功能角度出发，把农地功能进行分解，依据替代成本法进行核算。农地具有多功能性，提供生物和非生物之间能量流动和物质循环，提供生物生产和生活环境以及生态和环境容纳能力（朱芳等，2019），是一种在粮食安全、保护环境、传承文化等方面发挥重要功能的自然人工复合系统。联合国粮农组织曾指出农业的基本职能是为社会提供粮食和原料，但在当前可持续乡村发展范围内，除了基本职能外，还具有多重功能与目标，如农业的经济功能、环境外部性（正外部性和负外部性）、社会功能（维持农业文化存续和食品安全）。

具体来讲，农地具有生产能力，能生产粮食作物、经济作物及其他农作物等，为人类提供所需的粮食和农产品。农地具有社会安全功能，不仅可以维护社会安全稳定，而且可以保障粮食供给以及保障农民生活最低收入水平。土地作为农村居民赖以生存的生产生活资料，兼有社会保障功能。对于农村居民来讲，农地具有生产功能、养育功能和资产功能等，可基本满足农村居民生存、就业、养老和医疗等生活需求，具有社会保障基本功能。在城市化进程中，农村居民进城务工后，宁可抛荒弃耕也不愿放弃对农地的承包权，农地成为进城务工人员的失业保障。农地具有生态属性，具有涵养水源、气候调节、维持生物多样性以及生态景观等生态功能。

农地的经济价值被农民获得，但社会保障功能和生态功能所体现的价值被社会其他利益群体共享，产生外部效益。社会效益等同于粮食安全保障价值和社会保障价值，可以用替代成本法进行核算；而生态效益大多数采用生态系统服务价值测算。刘向华（2015）认为耕地的社会价值包括社会稳定价值和社会保障价值。刘利花等（2017）认为社会保障价值主要包括基本生活保障价值、养老保障价值和就业保障价值。根据众多研究可以看出农地的社会价值主要有粮食安全价值、社会保障价值（基本保障价值、养老保障与就业保障价值）。

(一) 粮食安全价值

粮食安全价值是指农地保护行为为社会提供粮食安全作用而产生国家层面的社会稳定功能而具有的价值。农地是国家粮食生产的基础，我国人多地少，人均耕地面积小，而耕地需求量大，耕地数量减少与质量降低可能导致农产品供给不足，必将危害到国计民生和社会稳定。因此，我国已明确提出坚持最严格的耕地保护制度，划定永久基本农田，建立耕地保护补偿机制，其目的在于保护现有耕地，确保国家粮食安全，维护社会稳定。

对于国家粮食安全价值，采用替代成本法，可通过国家占用耕地收取的费用和保护现有耕地所必要的支出来计算，计算公式如下：

$$V_{ls} = T + C \tag{5-1}$$

式中，V_{ls} 为国家粮食安全价值，T 为国家对占用耕地收取的费用，C 为国家为保护现有耕地的必要支出。

$$T = T_1 + T_2 + T_3 \tag{5-2}$$

$$C = C_1 + C_2 \tag{5-3}$$

式中，T_1 为耕地占用税，T_2 为新增建设用地土地有偿使用费，T_3 为耕地开垦费，C_1 为灾毁耕地复垦费，C_2 为水土保持费。

(二) 社会保障价值

社会保障价值包括基本生活保障价值、养老保障价值和就业保障价值三部分，由于农村保障体系的不完善，数据采用替代成本法来进行核算。农地为农民提供最基本的食物保障，若农民失去土地，将由政府提供最基本的生活保障服务和水平，因此，基本生活保障用农村最低生活保障金代替。同时，耕地为居民提供了养老保障和就业的机会，因此，用养老保险金和失业保险费用代替。值得注意的是根据收益还原法原理以及我国农地承包经营年期，将年价值按无限年期折算为现值。

1. 基本生活保障价值

$$S = k/(s \times r) \tag{5-4}$$

式中，S 为基本生活保障价值，k 为农村最低生活保障金标准（元/人），s 为农村人均耕地面积（公顷/人），r 为还原率。

2. 养老保障价值

$$Y = E_1/(s \times r) \tag{5-5}$$

$$E_1 = E_2 \times I_1 / I_2 \qquad (5-6)$$

式中，Y 为养老保障价值，E_1 为政府提供给农民的社会养老金（元），s 为农村人均耕地面积（公顷/人），r 为还原率，I_1 为农民家庭人均纯收入（元），E_2 为政府提供给城镇居民的社会养老金（元），I_2 为城镇居民人均可支配收入（元）。

3. 就业保障价值

$$L = f/(s \times r) \qquad (5-7)$$

式中，L 为就业保障价值；f 为失业保险金的标准，参照低于当地最低工资标准、高于城市居民最低生活保障标准的水平进行核算。

（三）社会价值

$$V_{SH} = V_{ls} + S + Y + L \qquad (5-8)$$

式中，V_{SH} 为社会价值。

二、当量因子法

（一）概述

当量因子法是指在已测算的某一特定生态服务功能价值或效益的基础上，依据待评估生态系统的区域和生物生长量特征（或当量因子），进行修正得到需要评估的某一区域某一特定生态系统服务功能或效益。运用较为广泛的是 Costanza 生态系统服务价值体系，其在对全球生态系统服务功能类型归纳的基础上，按照不同生物群系对各类型生态系统服务价值（效益）进行了评估。谢高地等（2003）在 Costanza 等全球生态系统服务功能评价模型的基础上，总结了气体调节、气候调节、水文调节、土壤保持、废物处理、生物多样性维持、食物生产、原材料生产、提供美学景观在内的多项生态系统服务功能，并对我国 200 位生态学者进行问卷调查，得到了"中国生态系统服务价值当量因子表"，并于 2008 年进行了更新。2015 年谢高地等结合各类文献资料和地区生物量对当量因子表进行了进一步更新和完善，依然遵循千年生态系统评估（Millennium Ecosystem Assessment，MA）方法将生态系统服务一级类型概括为供给服务、调节服务、支持服务和文化服务等 4 大类型，将 9 种二级类型进一步确定为 11 种生态系统服务类型（见表 5-1）。在供给服务中，考虑到中国水资源较为贫乏的现状，增加了水资源供给服务；在支持服务中，考虑了生态系统对养分循环的维持服务。研究表明不同服务功能的强度受不同生态过程和条件的影响，如生物量、降雨量和土壤保持等。因此，在采用当量因子法对地区生态价值进行评估时，需要对当量因子做相应的空间修正（薛明皋等，2018）。

表5-1 中国陆地生态系统单位面积生态服务价值当量

一级类型	二级类型	森林	草地	农田	湿地
供给服务	食物生产	0.31	0.1	0.85	0.51
	原材料生产	0.71	0.14	0.4	0.50
	水资源供给	0.37	0.08	0.02	2.59
调节服务	气体调节	2.35	0.51	0.67	1.90
	气候调节	7.03	1.34	0.36	3.60
	净化环境	1.99	0.44	0.1	3.60
	水文调节	3.51	0.98	0.27	24.23
支持服务	维持养分循环	0.22	0.05	0.12	0.18
	保持土壤	2.86	0.62	1.03	2.31
	维持生物多样性	2.60	0.56	0.13	7.87
文化服务	提供美学景观	1.14	0.25	0.06	4.73
	总计	23.09	5.07	4.01	52.02

注：数据来源于谢高地等（2015）的研究。

基于中国国情及专家知识的生态系统服务价值评估体系，可能更适合中国生态系统状况和经济发展水平。该生态系统生态服务价值当量因子被定义为生态系统产生服务的相对贡献大小的潜在能力，即1公顷全国平均产量的农田每年自然粮食产量的经济价值，依此可将权重因子表转换成当年生态系统服务单价表，经过综合分析，得出1个生态服务价值当量因子的经济价值量等于当年全国平均粮食单产市场价值的1/7（谢高地等，2003）。

（二）生态价值的核算

农地的生态服务效益是从人类生存与可持续发展的角度对农地价值的新认识，是农地生态服务功能的价值体现。农地因其半自然半人工的属性而具有重要的生态服务功能，对生态环境的保持和改善起着不可替代的作用，生态系统服务数量和质量的略微变化都将对人类福祉产生重大的影响。研究可以借鉴谢高地等所提出的农田生态系统服务类型体系进行生态效益测算，农田生态系统的生态效益包括气体调节、气候调节、净化环境、水资源供给、水文调节、土壤形成与保护、维持养分循环、生物多样性保护、食物生产、原材料及娱乐文化景观。

生态系统服务的生态服务价值当量因子，是指生态系统产生的生态服务的相对贡献大小的潜在能力，定义为1公顷全国平均产量的农田每年粮食产量的经济价值。计算公式为：

$$E_n = \frac{1}{7} \sum_{i=1}^{n} \frac{s_i p_i q_i}{S} \qquad (5-9)$$

式中，E_n 为1单位当量因子的价值量（元/hm²）；i 为粮食作物种类，主要粮食作物一般为稻谷、小麦、玉米、薯类、杂粮等；s_i 为 i 种粮食作物播种面积（hm²）；p_i 为 i 种粮食作物的全国平均价格（元/kg）；q_i 为 i 种粮食作物单产量（kg/hm²）；S 为 n 种粮食作物播种的总面积（hm²）；1/7是指没有人力投入的自然生态系统提供的经济价值是现有单位面积农田提供的食物生产服务经济价值的1/7。

$$V_{ST} = (E_n \times F \times k \times J_i)/r \qquad (5-10)$$

式中，V_{ST} 为耕地保护生态价值；F 为单位耕地面积生物当量因子；k 为区域差异修正系数；J_i 为第 i 年区域耕地复种指数修正值，即研究区域与全国耕地复种指数（农作物播种面积/耕地面积）的比值；r 为还原率。

三、条件价值法

（一）概述

按照新古典福利经济学理论可知，经济价值由有效需求决定，可以用个人意愿偏好来替代。意愿偏好是人的主观思想对客观事物认识的结果，同时表明价值是人的主观思想对客观事物认识的真实反映（张翼飞等，2007）。按照市场有无类似交易与参考，我们把价值核算分为直接市场价值法、替代市场价值法和假想市场法，每种方法的核心都是要掌握消费者对于所消费产品的支付意愿。直接市场价值法可以直接利用市场上已存在的交易的产品和服务直接求出消费品价值，该方法使用来自实际市场的数据反映个人的实际偏好。替代市场价值法也称间接市场法，是从其他事物所蕴含环境资源或服务产品中获得信息求出价值，比如通过替代产品的市场价格或观察人们的市场行为间接地推断其对产品或服务的偏好。替代市场价值法适用于没有直接的市场交易或价格，但具有替代品的市场交易或价格的资源价值的核算。而对于市场上不存在的物品与服务可以通过人为地构建假想市场来揭示消费者偏好的意愿，该方法适用于没有市场交易或价格的环境资源或服务产品的价值估算。

条件价值法（CVM）又称意愿价值法，是国际上资源环境物品和生态系统服务价值评估研究的最主要方法之一，其通过构建一定的假想市场，模拟人们在该假想市场背景条件下，研究利益相关者对于环境质量改善所愿意支付的金额和环境恶化带来损害愿意接受的赔偿额度，简称支付意愿（Willingness To Pay，WTP）和受偿意愿（Willingness To Accept，WTA），从而揭示利益相关者对于缺乏市场的资源环境产品或生态服务的偏好和意愿。

近年来，该方法在理论和实践上都有很大的发展，CVM方法随机选择部分家庭或个人作为样本，以问卷调查的形式询问一系列假设问题来揭示缺乏市场的资源环境公共物品的偏好，从而确定支付意愿或受偿意愿，最终赋予资源环境价值的方法。

在提供的环境服务产品一定的情况下，所期望的支付意愿与受偿意愿如图5-1所示（章铮，2008）。

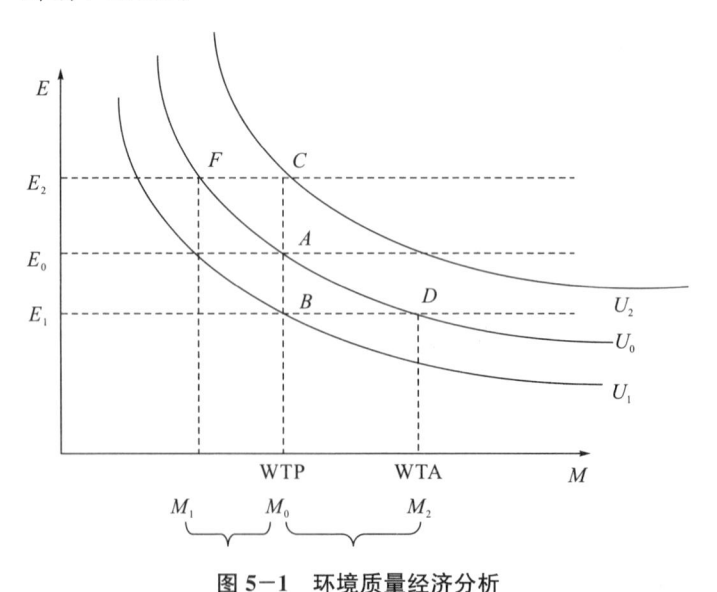

图5-1　环境质量经济分析

图5-1表示在既定的货币收入M以及外生变量环境质量E约束下，消费者为维持效用水平不降低或者追求效用最大化的图形变化。每条等效用曲线上

所带来的效用和满足是相同的，对于 A 点来说，此时环境状况为 E_0，所对应的货币收入 M_0，效用水平为 U_0。若环境状态从 E_0 状态降到 E_1 状态，在货币收入一定情况下，单个消费者为环境质量下降而愿意接受补偿的最小值即是 D、B 两点的差额，即在新的环境状态水平下，回到原来效用函数曲线时所增加的货币收入，此时的受偿意愿为 M_2-M_0。可以从图 5-1 看出 M_2-M_0 是最小受偿额度。因为低于 M_2-M_0 的效用水平回不到原来效用水平函数曲线上，当然大于 M_2-M_0 的效用水平函数曲线是可行的，消费者也绝不会排斥效用水平高于 U_0 状态。

同样环境质量上升为 E_2 水平，在一定货币水平 M_0，单个消费效用水平增至 U_2。环境质量提高而愿支付的最大值为 C、F 两点之差，即在新的环境质量水平下回到原来效用函数曲线所减少的收入 M_0-M_1。M_2-M_0 与 M_0-M_1 即为 WTA 与 WTP，其表示在环境质量发生改变后，为避免环境品质对消费者影响或者接受环境质量变差情况下，人们愿意支付或者愿意接受的补偿额度。

CVM 实践中，在不同学术期刊上约有 1600 余项研究成果，研究的国家涉及 40 多个，评估内容涉及空气、湿地、农业景观、水体等众多研究领域（王瑞雪、张安录，2005）。比如，我国众多学者运用 CVM 评估森林、湿地、农地和流域水资源、自然资源保护区以及生物多样性的非市场价值。陈琳等（2006）和周学红等（2009）利用该方法评估居民对濒危物种保护的支付意愿，在研究中探讨二分式问卷与支付卡式问卷结果的异同点，并监测和见证了 CVM 的可靠性。王丽等（2010）利用 CVM 评价了为维持罗源湾生物多样性的支付意愿价值量。蔡银莺、张安录（2008、2010）和王瑞雪（2005）等利用 CVM 评估了农地的生态服务价值。徐东文等（2008）以阆中古城为例评价旅游资源的非使用价值。国外的学者也把 CVM 用于众多研究领域，如 Drake 研究瑞典农地景观价值，澳大利亚研究者探讨对于较优的乡村环境人们愿意接受的支付额度。

部分研究者认为通过利益相关者的意愿间接获得某种资源价值偏好的评估方法是否可行值得商榷与探讨，原因在于环境物品的多尺度和复杂性。经济学家和众多其他研究者不断努力，试图通过优化设计问卷减少 CVM 在评价环境物品众多环境属性时可能存在的不足。VIS 评价方法（Value Integration Survey Approach）就是在 CVM 基础上提高效用不断优化的结果。Gregory（2000）研究了 VIS 和 CVM 异同点，他以太平洋西北部的居民问卷调查为例，讨论两者数值大小，结果显示 CVM 的结果平均是 VIS 结果的 4 倍。

CVM 在世界范围内快速发展的同时，学界对 CVM 的批评也从未间断过。CVM 是基于个人偏好的直接调查法，难以显示真实的支付意愿，况且非市场价值不应该以个人支付意愿多寡而变化，而应该是一个确定的价值量。譬如，农地资源提供的非实物性服务和生态产品的生态价值与环境价值；农地城市流转中将农地转变为工业、住宅、交通等建设用地时所产生负外溢效应，不应当由于人们的意愿较低或者为 0，就认定其不存在或者价值为 0。因此，我们应认识到 CVM 是以消费者对环境物品的反应及态度为基础，体现的是消费者的参与权，是一定认知水平和经济水平下主观的意愿价值，其价值量大小是社会经济特征、环境水平特征和个人特征的函数。

（二）偏差分析

CVM 是假想市场下的意愿与偏好，不同主体假想状态有差异，具有较强主观性，因此该方法有偏差是不可避免的。研究者对出现的偏差进行归类与总结，概括起来主要有信息不完备偏差、意愿起始点偏差、情景前提假设偏差、回答策略偏差和问卷设计时的支付方式偏差等。偏差的存在为该方法能否准确量化结果带来了质疑。

环境支付意愿是在一定环境认知能力和支付能力共同作用下形成的，对于经济落后地区，被调查者认知能力有限，可能还处于温饱问题的解决，对环境问题无暇顾及，因此，环境问题了解得很少或者根本不了解，这时对假想市场持怀疑态度。条件价值法需要调查人员在某一假设情景下对被调查人员进行询问，调查人员首先要非常清楚假设情景，并把该假设的市场情景解释给被调查人员，让被调查人员在该情景下回答问题，若解释过程发生偏差或者调查人员理解出现偏差，则调查结果准确性大打折扣。

所谓起点偏差是指在封闭式问卷中供被调查者选择的若干支付或受偿金额起始值的高低所造成结果的偏差，这类型问卷支付起点的设计一般以客观题形式呈现。若起始点数值较低，整体支付意愿就低；若起始点数值较高，可能得到结果较高。受访者客观选择时只考虑给予选项，不会思考太多问题，因此，起始点设置得太高与太低都会影响偏好价值揭示。

假想市场偏差是意愿调查法的假设情景前提，该前提意味着市场根本不存在类似事情，可能受访者不能感同身受，因此受访者不能很好投入某一假设情景中，甚至有些受访者会对假设前提提出质疑。面对假想市场偏差被调查人员要有足够的耐心去解释和介绍假想市场，使其完全进入某假想市场状态。

支付偏差是因假设市场背景下对意愿额度收取支付的方式不同而导致的偏

差。比如，利用现金支付和劳动力代替现金支付就存在意愿额度差异较大的问题。

被调查者在回答问题时可能采取策略性的行为，隐瞒真实的意愿。比如，被调查者可能会觉得回答真实的支付额度，若该额度较大，那么意味着将要上交该额度的资金，于是会采取策略隐瞒其真实想法和意愿，这就是所谓的策略性偏差。

CVM可以从支付意愿和受偿意愿两个角度来评价。支付意愿是消费者为了获得较优资源环境产品或者服务愿意支付的额度，而受偿意愿是对于资源环境物品或者服务质量下降而愿意接受的赔偿额度。任何消费者都是利己的经济人，根据人们的心理行为和收入预期，对于同一物品两个意愿角度即支付意愿与受偿意愿两者之间存在不一致性，一般情况下，支付意愿比受偿意愿的额度数量要低。虽然WTP和WTA是条件价值法两种不同价值尺度偏好的表征，但是评价结果可能相距甚远，通常WTP是WTA数值的1/3左右。

针对条件价值法两种不同价值尺度评价，20世纪80年代，许多经济学家对同一复杂环境质量问题不同价值尺度的偏好差异进行探讨。研究者把意愿偏好与经济曲线的消费者剩余进行比较，研究表明，被调查者对于接受环境恶化损害补偿偏好要稍高于经济曲线中消费者剩余，而环境改善的支付偏好要低于消费者剩余，即一般被调查者可能会夸大受偿偏好，而缩减支付偏好。以上结果符合人的社会心理特质，理论上两种不同偏好会有差异但不应该太大，事实上受到支付能力和环境保护意识的影响，受偿意愿比支付意愿要高得多，章铮（2008）研究者认为至少高出50%，甚至高出1~4倍，有时竟可以达到10倍以上差距。

综上所述，条件价值法的有效性和可靠性受到广泛质疑，意愿偏好能否很好揭示真实性问题不断受到非议。1993年1月美国国家海洋与大气管理局（NOAA）委员会对CVM作出评价，认为CVM确实存在瑕疵，需要不断完善，但在没有其他更优的非市场资源价值评估方法下，CVM同样可以成为一种评估资源环境非市场价值的重要方法（王瑞雪等，2005），当然该方法也需要在严格技术准则和优化问卷设计条件下进行完善。

（三）经济模型

条件价值法可以用效用来表达，即某行为主体为了得到更多和更优效用愿意付出的代价或者放弃（降低）效用水平所愿意得到的赔偿，以上两种不同价值尺度可以用数学函数表达，以WTP为例：

$$WTP = F(P, Q_1, U_0) - F(P, Q_0, U_0) \quad (5-11)$$

式中，P 为价格；Q_0 和 Q_1 为环境改变前后环境质量；U_0 为效用水平；$F(P,Q,U)$ 为个人支出函数；WTP 表示支付意愿，即在社会上其他商品价格 P 保持不变时，消费者为了维持原有效用 U_0 不发生变化，在环境质量从 Q_0 提高到 Q_1 时消费者愿意支付的额度。

通过问卷调查获得个体的支付愿意或者受偿意愿需要最终转化为群体总价值，在计算中可以采用个体平均值或者中位数进行加总。

（四）问卷调查

CVM 是在一定假想市场情况下完成评估，其结果准确度在很大程度上取决于假设市场模拟效果。农地资源外部性测算中，要求被调查人员对于耕地保护补偿的意愿合理标准以及支付的方式进行估算，其结果难免会产生偏差，但不断完善问卷能有效降低偏差。经过预调查不断修正后的理想问卷不仅可以避免或减少潜在支付信息偏差、起点偏差、假想偏差、策略偏差等，而且极可能不断逼近真实的资源环境价值，进一步提高非市场价值评估的准确度。

四、机会成本法

（一）概述

机会成本是指为了得到某种东西或者决策而需要放弃另一些东西或者决策，放弃决策时所能获得的最大纯收益或所付出的最大代价（张乐勤、荣慧芳，2012）；也就是说机会成本并非实际发生的货币性支出，而是潜在的收益减少。该词最早由奥地利学者维塞尔在《自然价值》中首先提出。他认为众多方案进行决策选择时，仅有某一决策被选中，而其他没有被选中的选项中获利或者价值最高的就认为是该选择的机会成本（李泽文，2015）。作为理性经济人，作出某种决策时往往考虑利润最大化，充分发挥资源的最优用途。在作出选择决策时，正所谓鱼与熊掌不可兼得，选择了某一用途或者机会，必将丧失其他选择的机会。

假设一种稀缺资源用途可以有 i 种，那么该资源第 n 种用途作为最终选择时的丧失机会成本为：

$$A_n = \max(L_1, L_2, L_3, \cdots, L_i) \quad (5-12)$$

式中，A_n 表示选择 n 用途的机会成本，而 $L_1, L_2, L_3, \cdots, L_i$ 表示用于非选

择用途获得收益的所有可能，其中非选择用途中收益最大的为选择 n 用途的机会成本。

随着该方法的成熟与发展，机会成本法不仅用于经济学、会计学、管理学以及企业和政府管理中，也广泛用于资源环境价值研究、生态补偿等方面。刘岩（2002）运用该方法评估不同利用方式的资源在不同产业之间的机会成本，袁鹏（2011）依据技术效率的双曲线测度模型和市域样本数据分析了中国工业环境管制的机会成本。在生态补偿领域，运用机会成本进行量化研究也不断涌现。例如，代明（2013）利用机会成本函数模型，构建生态补偿与机会成本之间关系，提出对生态功能区的单项与综合补偿标准进行补偿；李晓光等（2009）以海南为例确定森林保护的机会成本。在耕地保护领域，机会成本研究也逐渐涉及。姜广辉等（2009）提出建立耕地保护经济机制时应从耕地利用多功能外溢补贴以及发展机会成本方面考虑；雍新琴、张安录（2011）基于机会成本方法探讨了江苏铜山县小张家村的耕地保护经济补偿标准；陈会广、吕悦（2015）以徐州市为例估算出耕地保护补偿标准；朱新华、曲福田（2007，2008）从粮食安全的外部性出发，构建了 GDP 增长提成、机会成本税收区域补偿模式。

机会成本法常用于稀缺资源、环境合理配置的决策分析中。农地资源具有多宜性和多功能性，无论将农地用于何种用途都将会产生机会成本。在现行的法律框架下，农地的利用方式和用途受到严格限制，国家通过法律和行政的强制力对稀缺的农地资源用途进行确定，因此，农地保护存在较大的机会成本。在农地保护中，机会成本是指为了保护农地资源不被破坏、数量不减少，质量不降低而放弃改变用途后的经济收入及发展机会。

工业化、城市化发展过程中，建设用地需求旺盛，而建设用地供给稀缺，农地向非农用途转换需求强烈。张安录（1999）认为在城市边缘区域商服用地与工业用地效益远高于农地效益，保守估算商服用地与农地效益之比在 20∶1以上，而工业用地与农地的收益之比在 10∶1 之上，甚至有些地方商业、工业与农业收益差额达到上百倍。

机会成本是资源用于决策之外的其他用途时可能得到的最大收益。土地具有多种用途，其中收益最高的是建设用地，在农地保护区域由于国家限制其发展，丧失了农地向建设用地流转所产生的经济收益。同时，地方政府间激烈竞争进一步激化了以农地保护为主的禁止开发区、限制开发区与优化开发区或重点开发区的矛盾，这种农地向建设用地转移所产生收益的暴损即是农地保护的机会成本。对于微观群体来讲，农户作为农地保护者和具体耕作者，在获得微薄经济利益的同时，承担了过高的机会成本；而农地保护所产生的生态效益、社会效益却被全社会共同分享。这种利益格局不均衡性降低了农民保护农地的积极性及主动性。因此，以农民损失为基础的机会成本估算作为补偿标准，农民易于接受并与现实对比，能够切实解决实际中农地保护的外部性问题，且以机会成本损失作为补偿的依据易于理解，具有合理性，是普遍认可的可行性较高的一种方法。另外，对农地价值内涵的界定及其外部性测算是目前我国农地保护研究的核心，这也是外部性内化的一项基础工作，该思路类似于庇古方案，若想外部性内化必须了解外部性的影响范围与数量、外部性的影响者与发出者，据此才能有效确定外部性内化数量标准（陈竹，2011）。本书以农地保护机会成本损失理论为基础，提出一套根据农地保护的机会成本计算补偿的思路和方法。

（二）机会成本理论核算

对于中国而言，经济发达地区，特别是城市郊区，城市化、工业化进程会加快建设用地需求量，非农建设占用机会较大，而经济发展较慢的偏远地区，农地仅能作为农业用途，非农建设的机会较少，这时的机会成本为农地结构调整之间的收入差距。

1. 经济发达区域机会成本

作为作物种植的场所与载体，农地保持农用的过程中相关利益群体如地方政府和直接耕作主体都存在较大的机会成本，即由于发展受限所遭受的损失。

（1）地方政府耕地保护的机会成本。

对于地方政府来说，追求经济利益最大化是其管理的最大目标之一，农地保持农用和农地流转为建设用地，两者之间的经济利益差距较大，据估计可以达到上百倍的收益差额。作为理性经济人的地方政府，经济利益是较重要的目标，在目前政绩考核和环境认知水平下，地方政府基于当地经济发展的考量，可能对农地进行流转。若规划管制农地保持农业用途，地方政府则更多地承担着提供公共产品和服务的责任，农地农业用途所得经济收益归农民所有，有些地方地方政府甚至还要给予农民粮食补贴和经济补贴，其所获经济利益为零甚至为负数。根据现行的农业税费政策，农业补贴是由中央财政支付的，而农地保护补贴由地方政府财政支付，但目前仅有个别城市在试点，并没有全面普及，核算时根据具体情况而定。若农地转为建设用地，则地方政府可以获得可观的土地出让收益和建设后的企业税收、就业的增加等，获得较高经济利益和社会效益，同时获得的财政收入还可以用来进行公共服务、基础设施建设等。

基于上述分析，可以得到农地保持农用过程中：

地方政府损失的机会成本＝土地出让纯收益＋开发过程及工商业税费

土地出让纯收益为土地出让过程中的净收益。

土地出让纯收益＝土地出让金＋耕地占用费＋契税－征地拆迁补偿－新增建设用地土地有偿使用费－土地整理支出

开发过程及工商业税费是指在土地使用者获得土地后开发过程形成的税费和开发完成后的税费。农地流转为建设用地可以开发为商服用地、住宅用地和工业用地。

根据中心城市不同区位的最佳用途模式分析可知，一般情况下土地用途作为商服用地的利润最高，其次是住宅用地，最后是工业用地，但农地并非一定要流转为商服用地，而是要根据区域的经济发展状况、商业的需求量和饱和度。同样住宅用地要考虑周边人口密集度、基础设施和周边环境，而工业用地要考虑交通设施、规模效应和集聚效应及污染状况。理论上可根据以往区域的商服用地、住宅用地及工业用地的面积比例确定农地流转为非农建设用地的概率。无论哪种用地类型，在开发建设过程中地方政府都能获得税费相关的财政收入，商服用地及工业用地每年都会有固定的营业税收，而住宅用地商品房销售阶段和后期流转交易阶段会有增值税、契税、个人所得税等相关财政收入。

（2）农民农地保护的机会成本。

农民作为理性的经济人，追求个人经济利益是其利用农地的最终目标之一。但根据目前农民的认知水平和整体素质，农民并不会主动关注农地所产生的社会效益和生态效益。农地一般位于城市郊区和农村，在经济较发达地区，保护农地面临着机会的损失，损失的核算可根据农地流转为建设用地纯收益与农地保持农用收益的差值。依据保守原则，农地流转为建设用地价格按照政府公布的在某一土地利用开发条件下，最低级别商业、住宅、工业等用途的基准地价来确定。农地流转为建设用地纯收益为农地流转收益与土地开发成本之差，即某地类最低级别基准地价与土地开发成本之差。

农民保护农地的机会成本损失＝农地流转纯收益－农业用途的纯收益

农地流转纯收益＝基准地价－土地开发成本

农地保持农用纯收益按照收益还原法进行测算，收益还原法是根据估价对象的预期收益来求取估价对象价值或价格的方法。该方法一个关键指标为收益年期，对于收益年期的考虑可参考我国目前承包政策。2008年政府提出稳定现有承包关系，十八届三中全会时又重申承包关系长久保持不变，政策明确了第二轮农村土地承包关系到期后，现有土地承包关系保持稳定并长久不变，相当于承包期为无限年期。根据目前的耕作方式和技术水平，耕地净收益每年可能会由于自然灾害、人工投入多少有所变化，但无限年期长的时间不会差异太大，所以按照净收益保持不变计算。

根据收益期为无限年的公式：

$$V = \frac{A}{Y} \tag{5-13}$$

式中，V 为估价对象的收益价值，A 为估价对象的各期净收益，Y 为估价对象未来报酬率（折现率）。

2. 偏远山区农地保护的机会成本

（1）地方政府耕地保护的机会成本。

在偏远山区，经济发展较慢，地方政府没有办法通过征收、征用来获得土地出让金收益，经济发展较慢，对土地的需要也不旺盛，农地保持农业利用是最好选择。因此，地方政府农地保护并没有带来经济效益的损失。

（2）农民耕地保护机会成本。

农地可以进行结构调整，耕地可以调整为园地、林地和草地等地类，在农民农地保护机会成本损失时主要考虑二级地类——耕地，由于农地没有变成建设用地需求，农地仅能通过农业结构调整获得较高的经济收益，比如通过特色农业生产经营、特色养殖业或者果园、园艺等增加收入，保护耕地农民同样存在机会成本损失。

农民保护耕地机会成本损失＝调整后的农业收入－耕地用途的收益

第二节 农地保护外部效益测度——以成都市为例

一、基于 CVM 农地保护外部效益测度

（一）成都市问卷调查结果

问卷调查主要目的：一是获得农地保护主体愿意接受的补偿偏好；二是获得保护主体对于环境质量提升愿意支付的偏好，但所调查的两个不同价值尺度

的意愿偏好在市场上并不存在，需要设定某一假想市场。

受偿意愿假想市场：农地除了产生经济价值之外，还提供生态价值、社会价值，但这些价值被排除在农民的收益之外，为了进一步发挥农民在农地保护中的积极性和主动性，鼓励对非实物性产品的继续供给给予农民一定经济补偿作为回报。现假设国家要建立耕地保护补偿基金计划，该计划决定在国家财力允许情况下每年给予耕地保护者一定的经济补偿，补偿直接发放到耕地保护者手中，获得补偿的农村居民或者保护者按照协议保护耕地资源不受到破坏。

支付意愿假想市场：假设为维持受访者所在区域耕地资源环境不降低，必须保有一定数量和质量的耕地为前提，即保持本区域耕地不会被改变用途，不会被退化和破坏，维持在受访者觉得较满意的水平上，在受访者家庭支付能力允许情况下是否愿意为这一满意耕地质量与数量环境付出一定的经济代价。

基于以上两个假设，2015年4月在成都市双流区进行预调查对问卷的内容进行修正和完善，并于同年5月正式在郫都、双流、温江三个区开展了问卷调查。本次调查采用面对面的方式，现场向调查者阐述假设背景和假想市场，共发放问卷300份，回收有效问卷284份，回收率为94.67%。

在回收受偿意愿的调查问卷中发现愿意得到的最高受偿额度大于1000元/亩，而愿意得到的最少受偿额度为0元/亩。最高受偿额度很好理解，而最低为0元的人数占到受访人数的9.2%，表示不愿意接受补偿或者不能理解本假设，一个原因可能在于认为目前情况下政府不会这么做，同时也没有将自己放在假设情景状态下接受访问；另一个原因是部分居民受国家农业税影响较深，认为目前已经免收农业税，政策已经很惠民，不需要再进行补偿。这就是所谓的假设偏差，此类问卷在意愿核算时予以剔除。

由于居民收入和个人经济能力影响，许多居民不愿直接给予现金，更愿用其他方式代替现金，正式调查时，支付方式设计为货币支付或参加义务劳动支付。利用义务劳动支付一方面可以反映受访者对于耕地保护意愿的强烈度；另一方面又不用直接给予现金，也符合正常理性人的心理，特别对于处于经济弱势的农民来说，劳动力较富足而经济收入较低，利用货币诱导出意愿偏好的难度较大，调查结果也验证了这一点。为了获取受访者的意愿偏好，需将义务劳动支付方式转化成货币形式。

1. 受偿意愿（WTA）计算

剔除部分问卷后，仅有258位受访者接受补偿，问卷的调查情况如表5-2。农民最高愿意接受补偿额度大于1000元/亩，且人数最多，占到总人数的36%；最低愿意接受的补偿为100元/亩。问卷设计时若选择P项，即选择大于1000元/亩选项时需要填写具体的数值，但大部分被调查者对具体数值不清楚，本研究认为1000~2000元可以满足要求，本次结果取1000元与2000元的中间数值作为93位被调查者的受偿意愿。根据

$$平均受偿意愿 = \frac{\sum WTA}{样本人数}$$

计算出农民的平均受偿意愿为872元/亩，即每公顷1.31万元。

表5-2 问卷调查中农民受偿意愿统计情况

选项	A	D	E	F	H	I	J	K	L	M	O	P
补偿额（元/亩）	100	200	250	300	400	450	500	600	700	800	1000	>1000
人数（人）	24	4	2	15	19	2	26	17	7	21	28	93

2. 支付意愿（WTP）计算

目前中国耕地资源发展的趋势是不断减少的，但人们需要有一定数量和质量的耕地资源来保证人类的生存和发展。为确保本地区耕地资源的数量、质量达到令人满意的水平，减少被建设占用和被破坏情况的发生，受访者家庭是否愿意出钱或者参加义务劳动？在此问题的回答过程中，有185个受访者给予肯定回答，愿意出钱或者参加义务劳动保护耕地资源，在所有的支付意愿中，情况如表5-3至表5-5。

表5-3 受访者中愿意保护人数

类型	出钱	参加义务劳动	合计
人数（人）	49	136	185
占比	26.5%	73.5%	100.0%

表 5-4 受访者愿意"出钱"的统计情况

选项	A	B	D	E	F	G	K	L	P
补偿额（元/天）	80	100	150	200	250	300	500	600	>1000
选择人数（人）	6	10	5	6	3	5	10	2	2

表 5-5 受访者愿意"出义务劳动"的统计情况

选项	A	B	C	D	E	F	G	J	L	N	O
天数（天）	1	2	3	4	5	6	7	10	12	14	>14
选择人数（人）	5	17	12	2	7	2	14	20	12	15	30
补偿额（元/天）	55	110	165	220	275	330	385	550	660	770	825

共有 185 名受访者愿意为维持区域耕地生态环境进行意愿支付，其中 49 位受访者愿意出钱，占受访人数的 26.5%；136 位受访者愿意通过参加义务劳动方式维持耕地资源环境不降低，占受访人数的 73.5%（见表 5-3）。根据支付意愿中出钱和义务劳动人数的多寡，可知大部分受访者不愿意支付现金，而愿意支付一定的劳动力代替金钱，这也符合农村居民的经济特征和社会心理特征。依据劳动力和货币等值关系，若运用劳动力代替货币资金，计算出来的额度较大，因此，研究中支付意愿的核算尽量采取保守原则。

在受访者愿意出钱的选项中有 2 位受访者愿意支付额度大于 1000 元/天，保守原则下按照 1000 元/天进行核算。通过参加义务劳动方式进行支付，需要将劳动天数换算为货币资金。事实上问卷中有受访者预期劳工工资问题的设计，调查结果显示受访者期待劳动工资为 100~120 元/天，但在最后核算意愿偏好时并没有采用调查出的劳动工资结果，原因有：①预期劳动工资是根据以往外出劳动所作出的评判和预期，不同的工种工资差异性较大；②劳动强度、劳动时间和农业种植的劳动工资差异较大；③受访者多数从事兼业或者打零工，收入不稳定，预期劳动工资并不是全年每天平均工资。若按照劳动工资调查结果核算，受访者支付意愿将会远远大于受偿意愿，同时该结果远远超过实际受访者的支付能力，不符合现实情况。

根据 2017 年成都统计年鉴，农村居民家庭人均总收入为 20298 元，平均收入为每天 55.61 元，因此，依据保守原则取 2017 年成都统计年鉴上的整个城市的平均农民的日收入水平，从而能有效排除由于季节、个人技术水平不同的劳动收入差异，最后取整数 55 元/天作为劳动工资进行核算。

将"出钱"和"出义务劳动"二者加权平均，得到维持区域耕地生态环境家庭户均每年支付愿意总额，其值为446.7元。由于问卷设计时询问的是面对整个耕地资源每个家庭每年支付意愿额度，最终要转换为单位耕地面积应支付的额度（见表5-6）。

表5-6　2017年成都市总户数和总耕地面积

年份	总户数（万户）	耕地面积（千公顷）
2017	550.7	417

根据单位面积耕地平均支付意愿 = $\dfrac{\text{家庭户均年支付意愿} \times \text{成都市总户数}}{\text{成都市耕地总面积}}$，计算出成都市单位面积耕地农户年均支付意愿为5890元/hm^2，合计393元/亩。

（二）补偿标准结果确定

根据支付意愿和受偿意愿可知，支付意愿为393元/亩，受偿意愿为872元/亩。由于WTA不受收入约束，人们的心里预期往往会高于实际情况，而WTP需要自己支付，人们往往会低估自己的家庭收入或者不愿较多地支付。在支付意愿调查中，有73.5%的人选择出"义务劳动"，26.5%的人选择"出钱"，"出义务劳动"的远多于"出钱"的人。况且在耕地资源比较利益较低情况下，农民自己出钱进行耕地保护，虽然是假设市场情景下，但农户对此并不认同。而受偿意愿反映了其在保护耕地资源时国家应给与补偿，在目前耕地保护基金和农业补贴影响下，农户对受偿意愿比较认同和接受。

根据众多研究结果可知受偿意愿高于支付意愿，这也是CVM"有效性"和"可靠性"受到质疑的原因。按照理论预期，同一环境服务物品的WTP和WTA之间的差异应很小，但大量的CVM实证研究报道两者存在不可忽视的差异。比如，张翼飞等（2007）通过大量CVM实证研究，指出WTA平均是WTP的2～10倍。其实WTA大于WTP是社会经济现实和行为的反应，WTP受收入约束与限制，而WTA不受此限制，同时人们厌恶损失，WTP支付意愿意味着失去，是损失，而WTA接受意愿意味着收益，总之，WTA>WTP属于正常现象。

WTP低估，而WTA高估，两者平均值为632.5元/亩。统计结果数额大于成都耕地保护基金的补偿标准（300元/亩和400元/亩），而且普遍大于目前试点地区的补偿金额。成都试行耕地保护基金已有多年，补偿标准未曾改变，随着社会发展、物价上涨以及人们对生活的高标准要求，难免会出现更高的心理预期，期望政府在目前的基础上提高补偿标准，也具有合理性。

其他研究结果显示，牛海鹏（2010）运用CVM和综合方法得到的耕地保护补偿标准为993.7~11279.5元/hm²；陈会广等（2015）基于耕地保护机会成本进行修正与预测得到2015年耕地补偿标准1.04万元/hm²。本书研究结果（632.5元/亩，即9487.5元/hm²）与牛海鹏的上限值和陈会广等研究者的结果有一定差异，低于他们的研究结果。可能这与成都耕地保护基金实施有关，调查者受偿意愿是基于目前基金补偿额度而较理性给出的，但对于支付意愿认同度较差，对假想市场存在假想偏差，造成支付意愿核算较低，受偿意愿和支付意愿平均后，数据相对就比较低。另外，学者们关于耕地保护经济补偿标准的测算方法各异，运用不同的方法得出的补偿标准也存在差异性。因此，运用何种方法来确定中央、省际、市际的纵向和横向补偿标准以及区县之间的横向补偿标准，需要进一步研究。

二、基于机会成本法的农地保护外部效益测度

根据前文机会成本法内容的阐述可知，规划管制下保护耕地损失包括地方政府和农民耕地保护损失两部分。农地保持农用，地方政府更多地承担着提供公共服务的责任，耕地农业用途所得收益全归农民所有，有些地方地方政府还要给予农民粮食补贴和经济补贴。若流转为建设用地，则地方政府可以获得可观的土地出让收益和建设后的企业税收等，同时获得的财政收入可以用来提供公共服务、基础设施建设等。但也可能受制于区位影响，流转为建设用地可能性较小，仅能进行农业结构的调整。

地方政府的损失亩均土地出让纯收益公式为：

$$ZF = \sum Pr_i \times \alpha_i + x_1 + x_2 - x_3 - x_4 - x_5 \quad (5-14)$$

式中，ZF为地方政府损失亩均土地出让纯收益，Pr_i代表商业、工业、居住用地的基准地价，α_i为流转为商业用地、居住用地和工业用地的概率，x_1为耕地占用税，x_2为土地使用权出让契税，x_3为征地拆迁补偿费，x_4为上交的新增建设用地土地有偿使用费，x_5为土地整理支出。

每亩农地保护损失土地出让纯收益转换成每年损失的纯收益，公式为

$$ZF = \frac{A}{Y}\left[1 - \frac{1}{(1+Y)^n}\right] \quad (5-15)$$

式中，ZF地方政府损失的亩均土地出让纯收益，A为耕地流转后地方政府亩均年收益，Y为土地的还原率或者报酬率，n为土地收益年限。

地方政府保护耕地损失的机会成本总额为：
$$Z = A + X_6 \tag{5-16}$$

式中，Z 为地方政府保护耕地损失的机会成本总额，A 为耕地流转后地方政府亩均年收益，X_6 为土地开发后政府税收收益。

以农民为主导的农地流转用途保守考虑为工业用地类型。

$$\mathrm{NM} = (P_r - C_0) \times Y \div \left[1 - \frac{1}{(1+Y)^n}\right] - b_1 - b_2 \tag{5-17}$$

式中，NM 为农民保护农地损失额度，P_r 为工业用地基准地价，C_0 为开发成本，Y 为还原率或者报酬率，n 为农地收益年限，b_1 代表农地保持农用每年产生的收益，b_2 为农户获得的补贴。现有土地承包关系保持稳定并长久不变，承包期为无限年期，N 为 ∞。根据目前的耕作方式和技术水平，农地净收益每年可能会由于自然灾害、人工投入多少有所变化，但无限年期长的时间不会差异太大，所以按照净收益保持不变计算。

（一）地方政府保护耕地机会成本

1. 土地出让地价

农地城市流转获得较高经济收益，但流转为建设用地的地类如何确定成为重要问题。不同地类获得经济价值差异较大，研究依据农地流转概率进行综合核算机会成本，流转概率可以参照成都市出让地块用途结果来判断。2017年1月1日到2017年12月31日共有201宗土地在中国土地市场网进行出让公告，统计结果显示土地出让分布在大成都的各个区市县，土地类型多样。为了测算土地出让可能的概率，选取201宗地，土地用途统计结果为1宗机场用地、1宗管道运输用地、1宗科教用地、1宗文体娱乐用地、67宗工矿仓储用地、68宗商服用地、62宗住宅用地。土地出让用途概率参照以上的统计结果，由于教育、医疗、交通用地、公共设施用地市场交易稀少，一般都是政府供地和使用，仅有少数企业事业单位使用，而且供地价格不能完全依靠市场，研究忽略该土地用途，主要考虑需求量较大的工业用地、商服用地和住宅用地。统计结果显示最近一年内工业用地、商服用地和住宅用地供应概率分别为33.33%、33.83%和30.84%。

成都周边农业用地城市流转一般位于城郊或者农村地区，商业发展潜力较大，随着成都房价不断上涨和人口不断聚集，成都房地产开发商开始关注周边郊县，农地流转为商服用地、住宅用地和工业用地概率相当。对于流转后价格的确定按照当地公布的基准地价作为核算结果,研究测算选取郫都区为例。郫都区基准地价以2018年1月1日为基点,基准地价是指商业、住宅、工业三种用途土地在国家规定最高使用年期情况下,容积率为商服用地1.5、住宅用地3.0、工业用地1.0,宗地外通上水、通下水、通电、通路、通气、通信和宗地内"场平"并且无他项权利限制的土地使用权平均价格。为了计算标准一致和现实性,按照每类地类的最低三级标准进行核算,有些区域没有三级标准的按照二级标准来处理。郫都区基准地价情况如表5-7所示。

表5-7 2018年郫都区基准地价最低标准结果一览表(单位:万元/亩)

类型	红光街道	德源街道	团结街道	安德街道	三道堰街道
商服	108	105	100	95	80
住宅	238	172	122	120	160
工业	31	31	22	22	22

类型	唐昌街道	唐昌镇新胜片区	友爱镇三元场片区	友爱镇释迦桥片区	花园街道
商服	80	60	75	93	62
住宅	115	100	122	135	106
工业	22	22	22	22	22

类型	新民场街道	古城街道	唐元街道	均值	
商服	60	73	60	80.85	
住宅	104	126	102	132.46	
工业	22	22	22	23.38	

数据来源:根据2018年郫都区基准地价整理得出。

按照表5-7数据进行整理,得出商服用地各镇基准地价最低标准下均值为80.85万元/亩,住宅用地均值为132.46万元/亩,工业用地均值为23.38万元/亩。

每亩农地流转为建设用地出让地价=工业用地流转概率×工业用地基准地价+商服用地流转概率×商服用地基准地价+住宅用地流转概率×住宅用地基准地价

计算出亩均出让地价为76万元。

2. 其他各项费用

2009年，成都市人民政府发布的《关于调整我市耕地占用税税额标准的通知》规定郫都区的耕地占用税税额为32元/平方米。契税以土地成交价格或者合同价格的3%缴纳。

按照《新增建设用地土地有偿使用费政策等问题的通知》相关规定，2007年1月1日起将在原有基础上提高1倍新增建设用地的土地有偿使用费征收标准，成都隶属于四等地，征收标准为80元/平方米。

按照2014年成都市人民政府发布的《关于公布实施成都市统一年产值标准的通知》，郫都区前3年耕地统一年产值为3440元/亩。土地补偿费和安置补偿费计算标准依据四川省国土资源厅《关于调整征地补偿安置标准等有关问题的意见》，其中土地补偿费为前3年平均年产值的10倍，安置补助费的计算倍数要以人均耕地面积进行细分，郫都区的人均耕地面积约1亩，因此为前3年平均年产值的6倍。基于产值倍数法的补偿核算易操作，是各地政府在制定征地补偿标准时常采用的方式，但是各地政府并未及时更新耕地的统一年产值，从而影响了评估的精确性。为了尽可能地准确评估，本书用2015—2016年《成都统计年鉴》公布的居民消费价格指数对2017年郫都区前3年平均年产值进行修正，修正后的年产值为3491元/亩。

依据《成都市征地地上附着物和青苗补偿标准修订方案》，郫都区的青苗补偿标准为年产值的60%。由此，推算出征地补偿费和安置补偿费共55856元/亩，青苗补助费为2095元/亩，因此，耕地的亩均补偿价格约为5.80万元。

本书采用2013年成都市郫都区基准地价中的土地开发费用作为核算土地开发成本的依据，即土地整理后达到宗地外"六通"和宗地内场地平整的费用为每平方米140元，即9.33万元/亩。

3. 土地出让纯收益

根据公式（5-14），计算出地方政府亩均土地出让纯收益为59.95万元。

按照基准地价概念可知，其是某一时点上各类用途法定最高出让年限下的土地使用权区域平均价格，商业用地、住宅用地以及工业用地的法定最高使用年限分别为40年、70年和50年。按照前文所得的流转为三类用途土地的概率，计算出土地使用年限为52年。

土地报酬率是将土地未来各期收益折现到估价时点的折现率，其实质是一种资本投资的收益率，楚建群等（2014）在测算城市工业用地使用权价格时，用5.0%作为土地报酬率,本书借鉴此研究,选取土地报酬率为5.0%。

依据收益还原法公式(5-15)计算得出地方政府出让土地每年的亩均纯收益为32550元。

4. 开发后的政府税收收益

开发过程及工商业税费是指在土地使用者获得土地后开发过程形成的税费和开发完成后的税费。农地非农流转为建设用地可以开发为商服用地、住宅用地和工业用地。对于某一地块来讲,税费的收取数据很难准确获取,研究依据成都市城市用地规模以及税收状况进行粗略估计。

依据5-8表核算每亩建设用地房地产税为5.07万元,每亩工业用地税收为48.70万元,每亩商服用地税收为207.21万元,房地产税收中住宅用地房产交易又占主导,用此代替住宅用地亩均税收。

表5-8 成都市城市用地规模及产业税收

年份	建设用地面积(平方公里)				税收(万元)		
	建设用地	住宅用地	工业用地	商服用地	房地产业税收	工业税收	商业税收
2013	519.19	179.06	97.45	11.58	4530952	5976033	7101881
2014	550.38	189.79	99.67	16.70	4801157	6913397	8054457
2015	604.07	217.12	81.19	54.04	4662245	7650862	9036082
2016	770.78	257.34	114.7	72.44	4801461	7811268	9034860
2017	810.11	269.68	117.84	75.7	5347607	8514960	12608428

数据来源:2013—2017年《城市建设年鉴》、2014—2018年《成都统计年鉴》。工业税收=第二产业税收,商业税收=第三产业税收-房地产业税收。

按照流转概率可知建设用地可能的税收为87.10万元/亩。研究是根据成都市建设用地情况计算的,但回到我们所选择的研究点郫都区,两者之间属于所属关系,经济发展水平和区域的吸引力存在差异,税收肯定也会存在较大差异,因此,需要对此进行修正。

$$K = GDP_1/GDP$$

式中,K为税收修正系数,GDP_1为郫都区地区生产总值,GDP为成都市地区生产总值。

计算得修正系数为0.04,修正后郫都区亩均建设用地流转后获得税收为

3.48万元/亩。

5. 机会成本总和

地方政府保护耕地所损失的机会成本依据公式（5—16）计算为67350元/亩。

(二) 农民的耕地保护机会成本

农民在风险可控和没有技术障碍的情况下，耕地利用追求个人最高经济效益，理性的经济人并不会关心耕地保护所带来的生态及社会效益问题（李洪霞，2016），因此，对于农民来讲，保护耕地的机会成本仅仅为经济收益的损失。农地可能流转为商服用地、工业用地、住宅用地，但由于农民的谈判能力及操作能力的薄弱，加之商服用地和住宅用地对地段的苛刻，而工业用地的需要量大，一般都会布局在城郊之外，用地对周围的商业配套及地段要求宽松，因此，城郊接合部区域以农民为主导的耕地流转用途保守考虑为工业用地。

1. 耕地保护最高机会成本——工业用地的纯收益

以成都市郫都区为例，按照四川省国土资源厅公布的2018年1月1日的郫都区基准地价来核算，以2018年1月1日为估价基准日，在国家规定的最高使用年限50年，容积率为1.0，开发程度为宗地外通上水、通下水、通电、通路、通气、通信"六通"及宗地内"场平"，无他项权利限制时的工业用地平均价格为540元/平方米，计36万元/亩。当然该基准地价内涵包括农地转为工业用地的土地"六通一平"的开发成本。成都郫都区土地"六通一平"平均价格为9.33万元/亩，因此，工业用地裸地，即农地状态下转让为工业用地最低价格为每亩26.27万元。

卢艳霞（2013）在耕地资源还原利率中直接借用周建春的修正成果4.18%。邓南荣等（2008）利用"安全利率＋风险调整值法"确定了广东韶关市武江区水田和旱地的土地还原率为5.0%，耕地资源报酬率肯定低于工业用地报酬率。参照学者的研究成果，本研究报酬率取4.5%，依据公式（5—13）得每年每亩收益为12002元。

2. 耕地的生产纯收益

成都市土地经营权流转规模较大，因此，可以按照流转纯收入来表示耕地保持农用收益。根据成都农村产权交易所交易信息可知，郫都区农村土地经营权流转单价在 500～600 kg 之间，根据《中国农产品价格调查年鉴（2018）》公布的数据，2017 年籼稻、粳稻的价格分别为 2.83 元/kg、3.18 元/kg，以籼稻和粳稻价格的平均值来计算稻谷价格，其单价为 3.01 元。按照单价 3.01 元，流转大米 550 kg 计算，可得亩均纯收益 1656 元。

自 2008 年起成都市开始发放耕地保护基金，补偿时分为基本农田和一般耕地两挡，分别为 400 元/亩和 300/亩，扣除计提 10% 的耕地流转担保资金和农业保险补贴，剩余为 360 元/亩和 270 元/亩，研究取最高挡基本农田补贴作为机会成本扣除的收益。

3. 农民机会成本损失合计

依据公式（5-17）计算出农民农地保护机会成本损失总额约每年每亩 9986 元。

（三）偏远山区地方政府耕地保护的机会成本

在经济发展较慢的偏远山区，对土地的需要也不旺盛，农地保持农用是最好选择。因此，地方政府耕地保护并没有带来经济效益的损失。

（四）偏远山区农民耕地保护机会成本

由于农地没有变成建设用地需求，农地仅能通过农业结构调整获得较高的经济收益，比如，通过特色农业生产经营、特色养殖业或者果园、园艺等增加收入。

农民保护耕地机会成本损失为调整后的农业收入与耕地用途的收益之差。

前文耕地纯收益采取农地经营权流转收入数据进行核算，本节内容需要粗略核算耕地粮食作物和非粮化或者结构调整后收入差异，为了方便比较，统一采用《成都统计年鉴（2018）》中的数据。成都平原地区主要种植水稻、油菜、小麦、玉米等作物，2017 年稻谷种植面积 183093 公顷，小麦种植面积 72989 公顷，玉米种植面积 89272 公顷，油菜籽种植面积为 127279 公顷。该年稻谷为 1509320 吨，小麦产量为 325463 吨，玉米为 492894 吨，油菜籽为 492894 吨。《中国农产品价格调查年鉴（2018）》显示，籼稻、粳稻、小麦、玉米和油菜籽的价格分别为 2.83 元/kg、3.18 元/kg、2.53 元/kg、1.90 元/kg 和 5.21 元/kg，稻谷价格按照籼稻和粳稻平均价格来计算。按照稻谷、小麦、玉米和油菜籽平均值来核算耕地主要产品产值为 1.80 万元/公顷。而其他农业产值见表 5-9。

表 5-9 部分农业经营状况

年份	渔业产值（万元）	渔业养殖面积（公顷）	水果坚果产值（万元）	果园面积（公顷）	花卉收入（万元）	花卉种植面积（公顷）
2016	267541	14602	559219	82811	923962	28511
2017	297255	14980	647684	86238	1038663	37290

按照表5-9核算出渔业平均产值为19.09万元/公顷，瓜果业的产值为7.14万元/公顷，花卉产值为29.83万元/公顷。如果将粮食作物通过农业结构调整为花卉，则农民耕地保护机会成本损失为28.03万元/公顷。但是渔业、果园业和花卉年收入有较大波动，单位价格波动与市场供给有较大的关系，所以渔业和果园业的收入风险较大，而农业中粮食作物的价格受国家价格保护，不会差异太大。所以研究取粮食作物通过农业结构调整为渔业、水果坚果以及花卉平均产值进行核算，结果为18.69万元/公顷。《中国农村统计年鉴（2017）》显示，2016年全国粮食亩均总收入1016.5元，扣除生产投入费用亩均374.4元，亩均收益为642.1元（未扣除人工费用、土地费用和折旧），计算出亩均收益占总收入的63.2%，而粮食种植的利润率相较于其他类型的农业偏低，因此在未扣除人工费用、土地费用和折旧情况下，保守估计其他类型农业收益占总收入约为65%。而粮食种植的利润率相较于其他类型的农业偏低，因此保守估计其他类型农业利润率为65%。由此，核算出农业结构调整后的纯收入为121485元/公顷，即最终计算的年机会成本为103485万元/公顷，即每亩6899元。

（五）机会成本法核算小结

每个区域发展水平不同，耕地保护的机会成本存在差异，对于经济发达郊区的农地保护机会成本的损失如何进行补偿？补偿理论把补偿分为完全补偿原则、不完全补偿原则和相当补偿原则，后来基于公平和效率的角度，研究者又提出公平补偿原则，到底农地保护机会成本应该遵循什么样的补偿原则？

农地流转为建设用地所获得差额收益或者增值，归根结底是由工业化进程及城市化发展决定的。一方面由于经济发展及城市化进程加快，对土地的需求突飞猛涨；另一方面是由于政府的土地利用决策和公共基础设施、公共服务设施建设而产生的土地价值增值。农地流转为非农用地的机会和收益的高低，并不是农民自己努力和对土地的投入而产生，而是由国家经济发展造成的，因此，农地流转的自然增值及差额收益不能全部由产权主体所有，当然也不能全归国家所有，产权主体可以凭借产权获取一部分的价值增值，即部分适当补偿，也可以按照地租级差收益理论，以农地收益作为基准，借鉴国家土地增值税的计税依据及纳税税率进行部分补偿。

第六章　农地保护外部性空间外溢理论与实证

空间外部性作为外部性的一种，存在经济流和生态流扩散，会造成边际私人成本和边际社会成本的差异，达不到理想状态下成本的接近或相等，影响着地区经济福利和环境的可持续发展。农地资源具有空间外部性特性，空间外部性的影响不仅存在于相邻地块之间，同样涉及多维空间尺度（县域、州、区域、国家），这与生态系统服务具有明显的"尺度"特征相对应，对于生态系统评估来讲，边界、尺度和栖息地的异质性都非常重要。在生态系统和人类福祉的研究中，千年生态系统评估（MA）指出生态系统过程和服务功能常常具有典型的空间范围和持续时段，若处于一种未加干预的自由市场环境下，由于多维空间外部性存在，会导致诸多环境问题。

研究空间外部性，首先要依据研究对象界定产生外部性的边界，即微观层面上的空间外部性，例如，距离农地利用地区越近，生态服务价值越大，享受到的外部性越明显。其次要确定区域之间的距离，即宏观层面上的空间外部性，例如，加利福尼亚州有机粮食种植者为防止种植基地受到来自相邻地区因农药漂移、异花传粉等潜在危害造成的污染，会与其他土地利用地区保持相应的距离。因此，为了探讨空间外部性，我们把空间外部性细化为微观层面地块间相互影响的外部性和宏观层面区域间外部性。

第一节　农地保护外部性空间外溢理论边界与损失

外部性的探讨中有一个非常重要的问题就是行政边界与外部性的影响边界是否具有一致性，农地外部溢出效益空间外部性影响范围究竟有多大。

外部性作用边界的界定能较好地确定农地保护总体外部性、区内和区际外部性，并能区分不同外部性作用边界和不同自然经济社会条件下的农地保护外部性的差异性。界定公共产品市场供给空间范围，实质上涉及受益群体的问题，无论是将受益群体局限在某一影响地附近或是扩展到整个区域、国家甚至更远的地方，都会对公共产品供给和消费产生影响。

空间外部性的外溢与距离呈现一定的函数关系，并且不同状况下对外溢所产生的边际效益具有差异性。以某点为中心，生态系统的空间外溢依赖于距离，土地利用外部性影响程度越低或者越弱，直至外部溢出效应为0，0点即为土地资源利用外部溢出效应影响的区域边界。

不同地块土地利用的相互影响及边界度量理论分析如下：

假设某一区域均质形状规则的块状土地，其面积为L，土地宽度为1米，则长度总共为L。把面积L的地块分为两部分：地块1的长度为l_0，面积为l_0；地块2的长度为$L-l_0$，面积为$L-l_0$。

假设地块影响是单向的，即某一地块对另一地块有影响，但反过来不成立。

地块1选择土地利用模式A，地块2选择土地利用模式B，单位面积农地产量为C。若两者之间是封闭的，不考虑空间外部性，地块1的农地总产量$Y_1=Cl_0$，地块2的农地总产量$Y_2=C(L-l_0)$。但事实上，两者之间可能存在正的外部性或者负的外部性。为了理论探讨两者之间可能的福利损失和影响边界，假设地块2的土地利用模式B产生负外部性。

由于两地块相邻，地块1上的土地利用模式A将受到地块2土地利用模式B的影响。X是地块2上某点，则$X\in(l_0,L)$，e是地块1上的某点，则$e\in l_0$，地块2上某点对地块1上的某点产生的影响可以用函数$G(X-e)$来表示。若$M=G(X-e)$，土地利用模式B对地块1上某点造成的影响为：

$$\sum M = \int_{l_0}^{L} G(x-e)\mathrm{d}x$$

土地利用模式A造成总损失是B利用模式在$L-l_0$面积范围内任一点对A在l_0空间范围所产生的影响之和，该影响最终造成生产能力与产量下降，产量下降的数额与土地利用模式B负外部性的强度有关，强度越大，影响越大。

模式A总的生产损失为：

$$A = \int_0^{l_0} \sum M(e)\mathrm{d}e = \int_0^{l_0}\int_{l_0}^{L} G(x-e)\mathrm{d}x$$

外部性影响之和就是如图6-1的封闭面积。原点O点为影响为0的点，即距离地块2边界越远，所封闭的面积越小，影响越小；距离地块2越近所封闭面积越大，则造成的损失越大。地块1在布局农业土地利用模式时会距离地块2的边界尽可能远，这个"尽可能远"的距离就是学者们所提出的缓冲区。

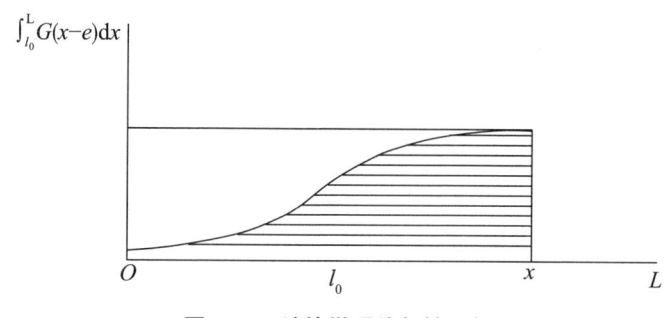

图 6-1 地块微观外部性函数

当然缓冲区的边界可能超出 A 地块的 l_0 范围,若 l_0 范围足够长和大,则 $\sum M = \int_{l_0}^{L} G(x-e)\mathrm{d}x = 0$ 时所求出 e 与地块 2 边界的距离则为缓冲区,点 e 则为地块 2 的空间外部性的影响边界。

生产损失和影响边界函数问题仅仅是理论上的探讨,现实中由于外部性的复杂性很难去衡量与测算。不过人文科学可以通过在实验室调查与观察来解决一些较明显的问题,比如某一害虫的影响,在其他条件不变的情况下可以观察受影响区域的害虫数量,了解影响边界和产量下降问题。但在实践生态系统服务中各项因素具有相互交错与空间转移的特性,它们在大气中输送扩散、稀释和转移。生态系统的流动性及边界的相互作用和影响,致使边界涉及经济利益和生态利益的问题变得更为复杂。空间范围影响边界与行政边界肯定不具有统一性,行政边界在某一时期是固定不变的,但生态系统服务具有空间归属,由于边界效应的存在,使得不同区域对资源的"可接近性"存在差别(王昱,2009)。外部性影响边界和行政边界存在明显的边界效应,但两者存在不一致的情景,有时生态系统服务的流动跨越了行政区域的边界,影响到经济社会活动的决策及其空间格局。

第二节 农地保护外部性空间外溢度量实证

人类活动对于土地原始自然属性的干扰,使得土地这一自然综合体的原始属性不断降低,目前生态系统服务价值的变化是受到自然和人为等多种因素共同影响的结果,其空间分异也是人为和自然两者因素共同影响的效果。人为因素往往减弱或者改变生态系统服务价值空间结构性,而自然因素,比如气候、地形地貌以及土壤类型等形成了生态系统服务空间流动内在驱动力(胡和兵等，2013）。由于生态系统服务功能依赖于不同空间和时间尺度上的生态与地理要素，因而生态系统服务存在着明显的尺度效应和非线性特征，其结果导致演化过程中的局部异常信息难于被有效识别（曾杰等，2014）。

生态系统服务价值是生态经济学研究的核心问题，空间价值的异质性在应用中极其重要，但由于经验知识和技术水平的匮乏，空间异质性是生态服务价值研究需要解决的关键问题。1997 年 Costanza 等提出具有争议的而且非常重要的观点，全球生态系统服务经济价值超过全世界生产总值，其生态服务价值量达到 33 万亿美元。这可以说是生态经济学领域一重磅新闻，文章引用率仅次于 Hardin 的公地悲剧。

对于生态系统服务价值的评估和核算，数据本应来源于市场交易，但由于缺乏市场，人们只能通过人为构建假想市场法来揭示意愿偏好。假想市场法评估结果易受多种因素影响，存在偏差，其偏差在于界定生态系统所提供服务的人口，通常研究者用个人的生态价值观念和想法去推测生态服务所提供的价值，具体用受访者的个人意愿评价生态服务价值并外推到行政管辖范围内外的区县、州、省或者国际。

该方法假设生态服务价值在一定区域内是固定不变的，结果肯定是不准确的，同时也是受访者观念之下的生态服务价值，并不是实际生态服务价值。生态系统服务价值应遵循房地产的一句箴言——"位置""位置"还是"位置"，生态系统的流动可能不是完全相同的，而是呈现距离衰减的态势，但陈述偏好提供了在一定的社会经济发展水平、生态服务意识之下的生态服务价值的核算思路。

一、农地保护外部效益空间外溢边界度量——以成都市为例

随着现代技术的发展，在有限空间范围内农业进一步满足人类日益增长的物质需求，但同时也产生了人们不可预见的农业面源污染，比如，在耕作措施中为了一时获利而未考虑长远利益造成的化肥、农药的过度使用和滥用、畜禽粪便的任意排放、农田废弃物随意处置，这些污染威胁着人民群众的身心健康和生存环境。与此同时，社会居民对农地所产生的负空间外部性相对于正空间外部性来说较敏感，更易获得较客观的数据。空间外部性是以某点为点源向外进行辐射，外部效益影响呈现距离衰减规律，直至影响为 0，0 点即为外部效益空间外溢边界。本研究为了度量生态服务影响范围和边界，采取逆向思维方式，以某地为基准，探讨其他不同距离区域对该地方影响所形成的支付意愿空

间变化，以此间接推导外部性影响边界。

　　研究依据到成都主城区直线距离的远近，在成都主城区外围建立六大圈层，具体可由百度地图测量直线距离大致确定。Pate 等（1997）研究发现人们对加州湿地生态系统服务的支付意愿在距离湿地 472km 时达到半衰；魏强等（2021）分别以 50km 和 100km 为半径研究人们对滨海湿地生态系统服务的支付意愿，发现随着空间路径增加，生态系统服务价值衰减速率越快。考虑到支付意愿的变化并非依据距离呈现均匀变化，而是受到地方发展水平、规划和政策等因素影响，因此单纯依据距离划分圈层的方法不足以反映地域差异。综合考虑距离和行政区划边界，建立以下六大圈层。

　　成都市中心城区一般指主城五区，包括锦江区、武侯区、青羊区、金牛区和成华区。第一圈层是位于大成都范围内且属于近郊的区域，它们分别是温江、双流、郫都、龙泉驿、新都、青白江六个区域，这些区域大多距主城区 20km 以内。第二圈层位于大成都范围内但属于远郊区，它们分别是金堂、大邑、新津、崇州、彭州 5 个区域，这些区域大多距主城区 50km 以内。第三圈层是距成都主城区更远的远郊区，分别是蒲江、邛崃、都江堰，以及与成都联系紧密的德阳市、眉山市、资阳市，这些区域大多距主城区 70km 左右。前三个圈层的区域构成了成都都市圈。第四圈层是雅安、乐山、绵阳、遂宁、内江、自贡区域，其位于成都都市圈外，基本处于距主城区 100～150km 的范围内。第五圈层是南充、宜宾、泸州、广安、广元、巴中、达州、重庆区域，基本位于距成都主城区 150～350km 的范围内。第六圈层是昆明、贵阳、长沙、南昌、武汉、西安、兰州、拉萨、西宁区域，由四川省周边省会城市组成。

　　研究通过条件价值方法揭示社会公众对农业污染造成健康影响的支付意愿，并根据不同圈层社会公众支付意愿的变化，间接推出农业污染的健康损失值，并得到现实意愿变化边界。

（一）问卷设计

　　农业污染会导致农业环境退化，威胁我们的生存和健康，若把健康看成商品，人们为获得健康愿意支付一定的费用。根据第五章条件价值法介绍可知问卷设计首先要提供某一假想市场，在此假设背景状态下给予问题的答复。对该假想市场进行描述时要图文并茂，以确保受访者接受该假设信息，以降低信息偏差。其次，考虑合适的支付方案。受收入约束的理性经济人对于自己出现金购买公共产品有所顾虑，意愿强烈度大打折扣。研究证明，收入所得税、资源环境税、健康保险基金、义务劳动等支付手段有助于打消受访者的顾虑与心理倾向。再次，选择适当意愿引导技术，问卷主要有开放式与支付卡式两种。开放式问题被拒可能性较高，而且回答问题内容各样，不好概括与总结，导致问卷回收率较低，而支付卡式问卷较简单，能有效降低受访者的拒答率，因此，研究选择支付卡式问卷进行设计。在CVM正式调查实施之前，需要通过预调查了解受访者意愿偏好，据此对调查问卷的支付意愿数值高低进行修改和完善。本问卷的调查在人流量较大的区域随机抽查，调查人员陈述调查的假设背景与市场，在此假设情景状态下面对面交谈，受访过程不能太长，控制在10分钟左右，以避免受访者的答题时间偏差以及时间太长中途放弃。

（二）调查结果

面对面的问卷调查于2015年10月在成都市主城区的锦江区、武侯区、金牛区、青羊区、成华区进行，该调查的形式决定了问卷不能由受访者自己进行填写，需要由受过培训的调查人员通过对研究问题假设背景的介绍与解释后，由调查人员给出问题，受访者逐一进行回答。特别是对六大圈层的支付意愿进行调查时，需要调查者对每一圈层有所了解，当被调查者对同一圈层中的几个区域不了解时，调查者根据受访者对同一圈层中其他区域的了解情况做出判断，是否用距离相近的熟悉区域进行代替。本次问卷总样本数确定为250份，经过整理后可用于分析研究的问卷共221份，占问卷总数的88.4%。

1. 受访者对农业污染认知程度

为了获知受访者对当前农业环境质量和农业污染状况的识别情况，问卷设计了农业污染了解程度、农业污染对人体健康危害、居住地的农业污染情况以及农业环境保护态度四个方面内容对受访者进行了逐一调查。

（1）您对农业污染的了解程度（表6-1）。

表6-1 受访者农业污染了解程度

类型	完全不了解	不太了解	一般	比较了解	非常了解
选择人数（人）	11	75	76	51	8
百分比（%）	5.0	33.9	34.4	23.1	3.6

(2) 您认为农业污染会对人体造成健康影响吗（表6-2）？

表6-2 农业污染是否会对人体造成危害

类型	会	不会	合计
选择人数（人）	218	3	221
百分比（%）	98.6	1.4	100.0

(3) 您认为您现在所居住的地方农业污染严重吗（表6-3）？

表6-3 农业污染的严重程度

类型	不太严重	一般	比较严重	非常严重	合计
选择人数（人）	51	71	72	27	221
百分比（%）	23.1	32.1	32.6	12.2	100.0

(4) 您对农业环境保护的态度（表6-4）。

表6-4 对农业环境保护的态度

类型	选择人数（人）	百分比（%）
反对	2	0.9
无所谓	15	6.8
支持	112	50.7
非常支持	92	41.6
合计	221	100.0

根据表6-1中数据可以看出受访者对农业污染的了解程度。33.9%的受访者不太了解农业对环境的污染，34.4%的受访者了解一些，23.1%的受访者比较了解，仅有3.6%的受访者非常了解。统计结果显示：大部分受访者对农业污染的了解程度不是那么深刻，但农业污染引起健康问题已经基本被认知。

对于农业面源污染对人们健康影响是否了解的调查结果显示：98.6%的受访者认为农业污染会对人类健康造成影响，但影响严重程度的调查说明农业面源污染没有引起足够重视。调查显示仅有12.2%受访者认为农业污染对人类健康影响非常严重，32.6%的受访者认为有些严重，23.1%的受访者认为不太严重，其他受访者认为一般。对于农业污染进行修复和保护的态度调查中，92.3%的受访者认为应该对农业污染进行保护与治理，支持农业环境保护政策；6.8%的受访者持无所谓态度；0.9%的受访者不支持，持反对态度。农业污染和环境保护态度的调查结果利于后续的意愿支付的调查。

2. 受访者对农业污染健康影响支付意愿的统计分析

（1）第一圈层成都温江、双流、郫都、龙泉驿、新都、青白江六个区域受访者支付意愿核算。

研究问卷以建立农业环境保护基金作为问题导入，从调查结果可以看出，成都市居民对农业污染对健康影响问题的讨论热情较高，许多居民面对问题时滔滔不绝，而对于治理环境的支付意愿问题，大部分也是相当支持的。调查结果显示：58.8%的受访者愿意支付一定费用改善农业环境，而41.2%的受访者拒绝支付一定的费用用于农业环境的改善项目。不愿支付的原因主要有：①家庭支付能力所致，该答案所占拒绝支付比例为13.5%；②认为环境改善应由政府承担责任，该项回答所占比例为43.3%；③对政府治理环境污染问题不具有信心，25.1%的受访者不满意政府改善环境现状。

研究问卷设置了9个支付区间，表6-5显示了愿意支付的受访者的统计分析结果。从表6-5中可以看出，对支付区间50～100元回答"愿意"的受访者占比为44.6%，愿意支付101～150元和151～200元的受访者占比均为13.8%。随着假想市场中给定支付意愿区间值数额增加，仍愿意支付的百分比一直在走低，直至降到最高支付额度的支付意愿为1.5%。该结果符合居民的心理预期，同时也遵循支付意愿与其支付额度呈反比，进一步验证了预调查对于支付额度确定的重要性，在收入约束一定的条件下，支付额度设置的高低，可能影响受访者接受或者拒绝支付，而且当设置的支付额度越大时意愿接受程度越低，这也是符合现实的。

表6-5 第一圈层支付意愿统计

支付区间	50~100元	101~150元	151~200元	201~300元	301~400元	401~500元	501~800元	801~1500元	1500元以上
选择人数（人）	58	18	18	13	5	9	3	4	2
百分比（%）	44.6	13.8	13.8	10.0	3.8	6.9	2.3	3.1	1.5

按照支付区间的中值进行核算，对受访者的支付意愿进行推导，本研究将9个支付区间组的平均值分别设定为75、125、175、250、350、450、650、1150、1500，然后按照选择人数，计算出平均支付意愿WTP为每年218元。

该结果表明，为避免农业污染对人体健康产生影响，受访者愿意每年支付218元改善农业环境，同时也表明受访者主观上认为农业污染对其健康造成的损失平均每年每人为218元。

（2）第二圈层金堂、大邑、新津、崇州、彭州5个区域的受访者支付意愿核算。

成都第一圈层中有130人愿意支付，而91人不愿意支付，对不愿支付的91人终止后续关于其他圈层的支付意愿调查，在剩余的130人中有86人仍愿意为第二圈层支付农业保护基金费用，支付百分比为66.2%。

按照支付区间的中值进行核算，计算出第二圈层受访者平均支付意愿WTP为每年215.4元。在不愿意支付的原因中，19.3%的受访者认为这些费用应该完全由政府来承担，不应该个人承担保护责任；43.9%的受访者认为该区域距离受访者太远了，支付后对受访者可能并没有好处；26.3%的受访者对政府污染的治理能力及治理效果不满意，而拒绝支付。

（3）第三圈层浦江、邛崃、都江堰、德阳、眉山、资阳区域的受访者支付意愿核算。

对前两圈层不愿支付的受访者终止后续关于其他圈层的支付意愿调查，在剩余的86位受访者中，有60位受访者仍愿意为第三圈层支付费用。不愿支付的受访者中有66.7%认为第三圈距离其所居住和生活的地方太远，支付后对个人可能并没有好处。按照支付区间中值进行核算，第三圈层平均支付意愿为219.6元。

（4）第四圈层雅安、乐山、绵阳、遂宁、内江、自贡区域的受访者支付意愿核算。

剩余60人中愿意为第四圈层支付的人数占到83.3%，16.7%的人不愿支付，不愿支付的受访者中58.3%都认为距离是拒绝支付的主要原因。经过核算第四圈层受访者愿意支付的WTP为205.0元。

（5）第五圈层南充、宜宾、泸州、广安、广元、巴中、达州、重庆区域的受访者支付意愿核算。

本圈层剩余50位受访者，其中愿意支付的人数占剩余人数的88%，12%的人不愿支付，不愿支付受访者中50%都认为距离是拒绝支付的主要原因。经过核算第五圈层受访者愿意支付的WTP为189.8元。

（6）第六圈层昆明、贵阳、长沙、南昌、武汉、西安、兰州、拉萨、西宁区域的受访者支付意愿核算

本圈层仅剩44位受访者，其中剩余受访者中仍愿意为第六圈层支付的人

数占到84.1%，15.9%的受访者不愿支付，不愿支付受访者中100%都认为距离是拒绝支付的主要原因。经过核算愿意第六圈层支付的WTP为184.5元。

（三）研究结果分析

调查结果显示（表6-6），六个圈层的支付意愿差异不是很大。最大支付意愿比最小支付意愿多35元左右，以成都市为中心点，除了第三圈层的数据之外，其余的一二四五六圈层的平均支付意愿呈递减趋势，不愿意支付人数同样呈下降趋势。调查中若某一圈层不愿意支付，就终止了后续部分的调查，随后几个圈层的调查都是在愿意为上一圈层支付的基础之上进行的。若排除特殊情况，且不考虑愿意支付人数的多少，则外部性的影响以某点为中心，呈向外递减趋势，具有空间距离性。受访者拒绝支付的原因调查显示，从第二圈层至第六圈层，距离太远是最主要原因。该结果显示了距离是外部性影响的一个函数。

表6-6 六个圈层的支付愿意比较

	1	2	3	4	5	6
愿意人数（人）	130	86	60	50	44	37
不愿意人数（人）	91	44	26	10	6	7
愿意支付占本圈层人数比（%）	58.8	66.2	69.8	83.3	88.0	84.1
平均支付愿意（元）	218.0	215.4	219.6	205.0	189.8	184.5
愿意支付占总人数比（%）	58.8	38.9	27.1	22.6	19.9	16.7

本调查中一直到第六圈层仍然有愿意支付人数，占调查总人数的16.7%，这37位受访者可能是真实意愿的表达，但不排除有隐瞒真实想法和行为的偏差存在。第一圈层愿意支付占到总调查人数的58.8%，第二圈层下降到38.9%，愿意支付人数不到一半，第三圈层下降到27.1%。若受访者在某圈层愿意支付，就说明其认为在某圈层农业环境改善能够对其产生影响，理论上外部性的影响为0的点为边界点，但需要排除不可抗拒因素的影响和偏差。因此，选择愿意支付人数约占总人数一半左右作为社会经济影响因素下外部性的空间边界，但基于一定假设情景的意愿调查，无论什么情况都不会有100%的支付，同时综合考量，将第二圈层作为以成都市为中心的外部性影响的边界范围。

成都第二圈层金堂、大邑、新津、崇州、彭州，属于大成都范围内的城市，距成都直线距离约小于50公里左右。因此，在外部性影响下居民为提高或者改善环境的支付意愿降为0的距离在50公里左右。

综上所述，农地空间外部性能潜在影响农户的土地利用决策与经济福利，本章对空间外部性分析基础上，对农地空间外溢的理论边界进行探讨，运用逆向思维通过条件价值法来主观测算空间外溢的距离，并以成都市居民作为受访者进行了实证研究，结果表明对于农地环境保护居民的意愿价值每年在185~218元间，农地空间外溢的距离在50公里左右。

研究结果也印证了空间外溢效应真实性，即从生态系统服务提供源到外部性影响边界其外部性在逐渐减少，Kozak et al.（2011）测度了提高或者改善环境支付意愿为0的距离仅有29公里。而本研究结果是50公里以内比Kozak等的研究尺度稍大一些，数据有待进一步考证，但研究为空间外部性的影响范围和边界提供了一种研究思路。

由于本研究属于探索性的工作，受到研究区域圈层的划分精确度与调查的样本受限等因素影响，研究结果有待进一步讨论，同时还应考虑生态流和经济流在空间的扩散与漂移。研究用家庭个人主观意愿去推测农业生态服务所产生价值，并外推到行政管辖范围的区、县、州、省等，都是基于生态服务价值在一定区域内是固定不变的，也意味着假设行政边界与空间外溢边界是一致的。同时研究结果是受访者观念下主观的环境保护价值，并不是实际价值，但在目前没有更好的测度方法时，用一定的社会认知水平来间接测算空间外溢价值和外溢的可能边界，能为未来研究提供思路和奠定基础。

二、规划管制下农地保护外部性空间外溢核算——以四川省为例

（一）理论分析

土地用途管制及分区规划下，区域间保护耕地资源数量多寡存在差异。经济发达区域保护较多耕地资源会造成当地经济发展的压力与束缚，经济落后区域保护较多耕地资源对其他区域来讲可能是"奉献"或者"牺牲"（文兰娇、张晶晶，2015）。对于经济发达区域或落后区域的"奉献者"或"牺牲者"来讲，丧失了经济发展机会，存在发展受限与约束，再加上工农产品巨大的剪刀差，地方政府的财政收入大打折扣，陷入强制分工陷阱（王莉、楚尔鸣，2018）。耕地保护责任较少区域与保护责任较多区域相应利益群体会陷入"暴

溢-暴损"困境。政府主导的空间规划与用途管制等政策工具,对耕地资源保护起到积极作用,但区域之间的规划管制造成的影响没有考虑,如何协调区域经济福利非均衡是政府亟待解决的问题。

区域生态补偿可以纠正利益失衡和生态外溢问题。耕地保护责任较多区域承担着超过自身粮食供给所需的耕地,同时耕地保护的生态效益和社区效益外溢于其他区域,被全社会共享;耕地保护责任较少区域不仅具有较高的土地开发机会,同时免费享用其他区域耕地生态效益,因此,承担耕地保护责任较少区域应对保护责任较多区域进行补偿,分担保护成本以此弱化农地农用与非农用间的经济利益差异。

补偿量来源于区域之间外溢量,而耕地资源保护区域外溢量多寡与耕地数量多少、质量高低以及所承载人口有关,因此,研究提出耕地综合承载力。耕地综合承载力表示在一定生产条件和一定生活水平下,耕地资源的粮食综合生产能力所承载的人口限度。在综合考虑地区人口、人均粮食消费量、当地资源禀赋及其生产能力的基础上,确定各个区域耕地综合承载力,具体分为承载力盈余、承载力赤字及承载力平衡。耕地综合承载力盈余表示区域耕地资源在一定生产和生活条件下耕地保有量大于承载人口所需要的耕地需求量,存在区域溢出,应得到其他区域的经济补偿。耕地承载力赤字表示耕地保有量小于承载人口所需要的耕地需求量,获得了其他区域的耕地保护外部效益,应给予其他区域一定的经济补偿。耕地承载力平衡表示耕地资源保护能达到自给自足,没有从其他区域获利也不需给予其他区域好处。

(二)规划管制下农地保护外溢核算

1. 确定各个区域的空间外溢盈余或者赤字

$$LEC = Area - C_p \times P \div F$$

式中,LEC 是区域耕地盈余或者赤字量,Area 为区域的耕地供给量,C_p 为人均粮食需求量,P 代表该地区的常住人口,F 代表粮食单产。

2. 确定各区域补偿量

按照盈余与赤字关系,给予经济补偿虽然符合一定道理,但就目前所处情况来讲,补偿要更具有现实意义,上述计算结果作为核算的区域之间空间外溢的理论基础,考虑到各地发展程度和水平不一,为了保证各区域现实空间外溢与当地经济发展水平一致,从而能真正形成盈余区域与受偿区域双向激励作用，本书用规划暴损程度对此修正。

$$BCL = LEC \times R \times BZ \times K_i$$

式中，BCL 为经济补偿量，R 为规划暴损程度系数，BZ 为耕地保护的单位补偿标准，K_i 为经济调节系数。

$$K_i = GDP_i / GDP$$

式中，GDP_i 为 i 城市的国内生产总值，GDP 为研究区国内生产总值之和。

对于盈余区域来讲，其发生外部效益损失，损失程度多少即损失概率大小，对于衡量补偿量多少具有重要意义。

3. 确定区域规划管制暴损程度

建设用地与经济发展之间是共生体，城镇化推进经济发展，也增加了建设用地需求，若地方经济发展快，土地需求量大，对耕地的觊觎可能性就大；土地集约度高，土地价格较高，耕地保护的机会成本损失就大。曲福田等（2004）和许恒周等（2014）的研究表明经济发展与耕地流失之间存在倒 U 形关系。由于资源禀赋、区位条件的差异，某些区域经济发展动力不足，规划管制引起的暴损较小，仅仅看作保护责任和义务的奉献；而有些区域经济发展势头强劲，规划管制引起的暴损程度较高。中国目前经济发展态势表明，规划管制暴损完全不存在的地方较少。区域暴损程度可以用经济发展动力与潜力来表示，具体包括城镇化率、区域 GDP 和耕地占用面积三个指标。

（1）城镇化率。

该指标以城镇人口占总人口比重来表征。我国国土辽阔，农业人口众多，城市化发展势必会导致农村人口大量迁移、城市不断向外扩张，大量农业用地被侵占以满足城镇化发展需求。在城镇化发展前期，城镇化率与耕地需求呈正相关，与地方规划管制损失概率呈正相关。

（2）耕地占用面积。

经济发展强劲势头给耕地资源保护带来冲击。研究表明，经济发展与耕地流失存在倒 U 形关系。经济发展初期，区域经济发展动力越强，耕地占用面积越多，规划管制造成的暴损程度越高。基于数据的可得性，耕地占用面积用耕地占用税与税额的比值来表示。耕地占用税多寡反映了该区域占用耕地或者其他农用地多少，耕地占用税税额以县（市、区）为单位按照人均耕地面积和当地经济发展水平确定。

（3）区域 GDP。

GDP 可以衡量一个区域经济发展水平，GDP 与耕地面积之间存在一定关联性，曲福田和吴丽梅（2004）研究表明经济发展与耕地流失之间存在倒 U 形关系，经济发展初期，耕地面积减少与经济发展呈现正相关关系，但经济发展到一定水平后，两者之间呈负相关关系。基于目前经济发展水平，两者还是发展初期的正相关关系。因此，GDP 与规划暴损程度呈现正相关。

综上所述，规划暴损程度公式为：

$$R = F(\text{CS}, \text{GDP}, \text{GD})$$

式中，R 是规划暴损程度，CS 为城镇化率，GDP 为国内生产总值，GD 代表区域耕地占用面积。

4. 人均粮食标准核算

人均粮食消费量的标准采用人们生活水平达到小康水平时的人均消费量作为核算的依据，根据《国家粮食安全中长期规划纲要（2008—2020 年）》，2020 年人均粮食消费量为 395 公斤，世界粮农组织以 400 公斤为临界点，认为人均 400 公斤的消费量为安全点，若低于此则存在粮食安全问题。周小平（2015）在中国耕地保护补偿研究中用人均粮食消费量 380 公斤、400 公斤和 420 公斤三种标准来进行核算；贺一梅、杨子生（2008）总结了众多权威专家研究，认为人均年粮食消费量 400 公斤是温饱水平的上限和小康水平的下限，并根据我国人口增长和粮食生产实际情况，预测 2020 年初步小康的人均粮食消费标准 400 公斤/人。根据以上研究观点，选取 400 公斤作为人均粮食消费量的标准进行区域之间耕地保护外部性补偿核算依据。

5. 单位面积耕地保护损失量核算

规划管制下保护耕地损失包括地方政府和农民耕地保护损失两部分。研究为了平衡区位可能带来的影响，用区位条件较好及偏远地区两者结果平均值进行测度。流转为建设用地政府机会成本损失每年每亩约为 67350 元，农民损失为每年每亩约 9986 元；不能流转为建设用地的偏远地区政府机会损失为 0 万元，农民机会损失为每年每亩约 6899 元，两者平均后约每年每亩 42117.5 元，即约每公顷 63.18 万元。本研究基于郫都区小城镇基准地价，土地开发费用等为核算依据，若基础数据进行了更新，可能数据结果有差异，如马爱慧等（2020）基于 2014 年基准地价核算结果为每年每公顷约 25.30 万元。张效军、欧名豪（2008）等得出全国的耕地保护区域补偿标准为每公顷 107 万元；曹瑞芬、张安录（2015）核算结果为每公顷 109 万元；杨彬如、李全新（2018）测算出甘肃省农耕地保护的补偿标准为每公顷 12.82 万元，地方政府耕地保护的补偿标准为每公顷 2.76 万元；孙晶晶、赵凯等（2018）测算得出全国耕地保护经济补偿的平均水平为每公顷 2.90 万元。可以看出现有研究结果差异较大，但与前人研究结果相比额度相对较合理。补偿标准太高，不符合支付实际，太低不能起到警示与激励作用，因此，耕地保护补偿标准的科学测度是十分重要的。

（三）实证分析

本书对规划管制引起的农地保护空间外溢研究是以四川省地级市之间耕地保护空间外溢为例展开的。选取 18 个地级市进行研究，阿坝藏族羌族自治州、甘孜藏族自治州和凉山彝族自治州三个自治州不在本次研究范围之内，主要原因是上述三个自治州的总面积虽然占到全省的 60%，但其耕地资源仅占全省耕地面积的 11% 左右，且所处区域自然环境恶劣，地势高寒陡峭，自然灾害频发。考虑到上述三个自治州耕地资源赤字主要是由资源禀赋和区位地理条件决定的，故未纳入本次研究范围。

研究涉及的 18 个地级市的经济发展数据和粮食消费数据源于《四川统计年鉴（2018）》。其中 2017 年巴中耕地面积数据与以往年份的差异较大，因此，用全省耕地面积与其他市（州）耕地面积之差来代替现有数据。粮食单产用各市州粮食产量与粮食作物播种面积的比值计算而得。特别指出本书人口特指常住人口而不是户籍人口，耕地占用面积是区域耕地占用总税额除以该地区年平均单位面积耕地收取税额计算而得，税额标准来自 2008 年开始执行的《四川省耕地占用税实施办法》。

1. 耕地资源保护空间外溢量计算

结合《四川统计年鉴（2018）》数据，在人均粮食消费量为 400 公斤时，通过区域空间外溢盈余或赤字公式核算四川省 18 个地级市的耕地需求量，需求量和供给量的差值即为耕地资源保护的空间外溢量数额。

从各个城市情况来看，耕地资源保护空间外溢盈余或者赤字状况有较大差别（表 6-7），存在耕地资源保护空间赤字量的城市有三个，分别是成都、攀枝花和雅安，赤字量最大的是成都市，赤字量达到 650.71 千公顷；内江市盈余率为 0.6%，盈余量较小，可作为耕地承载平衡区；耕地资源保护空间盈余的城市有 14 个，其中盈余量最大的城市是资阳（为 219.98 千公顷），其次为宜宾市。

表6-7　四川省各市耕地保护赤字量或者盈余量

区域	耕地供给量（千公顷）	耕地需求量（千公顷）	赤字量/盈余量（千公顷）	赤字率/盈余率（%）
成都市	417.00	1067.71	−650.71	−156.05
自贡市	216.66	193.54	23.12	10.67
攀枝花市	75.00	87.79	−12.80	−17.06
泸州市	410.54	298.51	112.02	27.29
德阳市	248.56	226.37	22.19	8.93
绵阳市	444.32	337.02	107.30	24.15
广元市	352.81	211.85	140.95	39.95
遂宁市	270.27	246.02	24.25	8.97
内江市	274.00	272.36	1.64	0.60
乐山市	272.28	234.86	37.42	13.74
南充市	534.15	470.37	63.78	11.94
眉山市	241.41	188.13	53.28	22.07
宜宾市	487.93	303.41	184.52	37.82
广安市	307.78	207.53	100.25	32.57
达州市	550.85	400.96	149.88	27.21
雅安市	100.86	119.24	−18.39	−18.23
巴中市	327.41	237.74	89.67	27.39
资阳市	428.49	208.51	219.98	51.34

注：负值表示赤字，正值表示盈余，赤字量或者盈余量即为区域间耕地保护补偿面积。

得出四川省各地市的耕地资源保护空间外溢盈余量或者赤字量后，再计算出赤字率和盈余率。

根据计算出的四川省18个地级市耕地资源保护空间外溢盈余率或者赤字率情况，绘制了散点图（图6-2），根据散点图聚集情况，可以看出赤字率变化幅度较大，而盈余的离散程度较小，尤其内江市的数字在坐标轴附近，把此作为耕地承载平衡区，其他坐标轴之上为盈余区，之下为赤字区。盈余区的离散程度较小，而且城市间差距也不是很大，自贡、德阳、南充、乐山、遂宁盈余状况较均匀（小于15%），而资阳最大达到51.34%。

赤字率/盈余率(%)

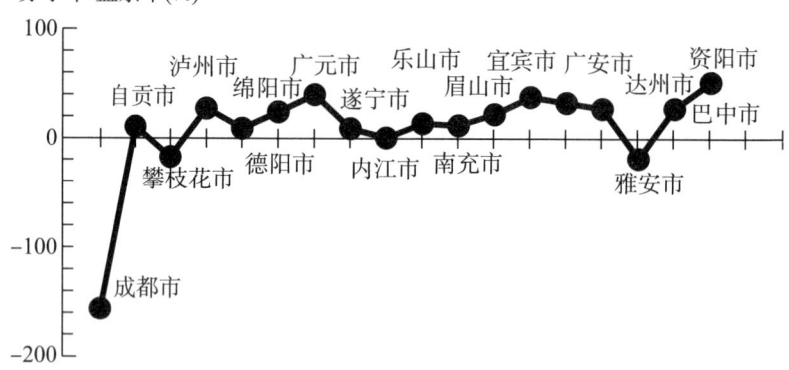

图6-2 四川省各市盈余率/赤字率散点图

2. 规划管制暴损程度计算

规划管制损失程度主要由三个因素决定，结果利用指标加总法进行确定。

$$F(x) = \sum_{i=1}^{n} W_i \cdot x_i (i=1,2,3)$$

式中，x_i为系统的指标标准值，W_i为各指标对应权重。

W_i确定运用变异系数法，变异系数法是一种客观赋权方法，直接由指标数据计算得到各指标权重。其用某一变量的变异系数除以所有变量的变异系数之和来求得，公式如下：

$$V_i = \frac{\sigma_i}{x_i}(i=1,2,3)$$

式中，V_i为第i项指标变异系数，σ_i为第i项指标标准差，x_i为第i项指标平均数。

则指标权重为：

$$W_i = \frac{V_i}{\sum_{i=1}^{n} V_i}$$

i为指标个数，n取值1～3。根据变异系数法确定指标权重，运用2017年统计数据得到耕地被占面积权重为0.50，GDP的权重为0.36，城镇化权重为0.14。利用公式计算各市规划管制损失程度，如表6-8。

表6-8 四川省各市的规划管制损失程度

区域	损失程度得分	区域	损失程度得分	区域	损失程度得分
成都市	0.78	广元市	0.14	宜宾市	0.57
自贡市	0.23	遂宁市	0.16	广安市	0.35
攀枝花市	0.14	内江市	0.18	达州市	0.25
泸州市	0.47	乐山市	0.26	雅安市	0.10
德阳市	0.15	南充市	0.60	巴中市	0.14
绵阳市	0.26	眉山市	0.41	资阳市	0.23

表6-8显示，2017年四川省地级市规划管制下耕地保护损失程度得分最高为成都市，达到0.78，南充市损失程度得分位列第二位，宜宾市得分为0.57，其他城市的损失程度得分小于0.50。这些损失程度数值也反映了四川省18个地级市2017年的经济发展实力和现状。

3. 耕地资源保护空间外溢区域补偿量核算

结合耕地资源保护空间外溢量和单位面积耕地资源保护补偿标准，计算出空间补偿量。单位面积耕地保护外溢补偿标准是基于利益相关主体的经济机会损失而计算出来的，但现实区域补偿量要考虑补偿的现实经济性和可行性。特别对于成都市而言，具有较大的经济吸引力和人才集聚力，而研究区域的其他城市的吸引力相对较弱，人口呈现负增长或者增速缓慢，导致核算的成都市耕地资源盈亏数量较大，按照此完全补偿标准，将会超过财政承受能力。研究为了平衡区域间经济差异性，运用城市GDP与全省GDP的比值来修正，最终测算18市3个赤字区域和14个盈余区域的空间财政转移额度，具体赤字额度或者盈余额度见表6-9。

表6-9 2017年四川省各市耕地保护空间外溢下支付与受偿额度

支付区	支付额度（万元）	占地方一般预算支出（%）	补偿区	受偿额度（万元）	占地方一般预算支出（%）
成都市	-11562696.73	-65.82	自贡市	11427.34	0.51
攀枝花市	-3440.78	-0.25	泸州市	136475.61	3.70
雅安市	-1849.12	-0.13	德阳市	10988.77	0.46

续表

支付区	支付额度（万元）	占地方一般预算支出（％）	补偿区	受偿额度（万元）	占地方一般预算支出（％）
总计	－11567986.63	—	绵阳市	94009.68	2.58
			广元市	22911.60	0.91
			遂宁市	7087.52	0.31
			乐山市	24233.63	0.86
			南充市	113698.40	2.47
			眉山市	42827.47	1.90
			宜宾市	319072.58	8.61
			广安市	66527.05	2.50
			达州市	96553.03	2.48
			巴中市	12110.36	0.43
			资阳市	85812.57	4.76
			总计	1043735.60	—

注：正值表示耕地保护盈余区需要接受的补偿额度，负值表示赤字区需要支付的补偿额度。

内江市耕地保护盈余量较小，在这里看作耕地承载的平衡区，无须受偿补偿额度。由表6-9可知，四川省各市支付总额是11567986.63万元，其中赤字额度最大是成都市，需要支付总额度达到11562696.73万元，占总支付额度的99.95%；同时，受偿额度达到1043735.60万元，其中，宜宾市受偿额度最大，其值是319072.58万元，约占总受偿额度的30.57%。成都市支付额度占一般预算支出的65.82%，说明超过当地财政承受能力，政府财政支付压力较大，区域之间的转移支付可能不具有操作性。

由于区域之间财政转移是农地资源保护空间外溢的一种尝试，对于整体的农地资源保护而言是经济的，但对于受益区域来讲是非经济的。无论受益地区支付额度是否超出其财政支付能力与承受能力，人们补偿的积极程度都不会太高，因此，应采取逐步推广和适当补偿的方式，以减少农地资源保护空间外溢受益地区排斥可能性。可将农地资源保护空间外溢盈余区补偿量之和作为空间外溢赤字区的支付总额，然后再按照赤字区各城市支付占总支付额度比值，计算支付区域实际应支付额度。该补偿方式不但可以满足盈余区域的补偿量的获得，给予农地资源保护激励，也降低了赤字区域支付额度，有助于农地保护空间外溢横向财政转移支付的进一步推广。根据表6-9计算结果形成表6-10，成都市支付额度为1043258.32万元，攀枝花市支付额度为310.45万元，雅安市支付额度为166.84万元，成都市支付额度从原占地方一般预算支出的65.82%减少到5.94%，适当支付和补偿方式具有一定的现实操作意义，能较好地缓解空间外溢受益地区支付压力和排斥心理。

表6-10 调整后耕地保护空间外溢支付额度

支付区	成都市	攀枝花市	雅安市	合计
支付额度（万元）	1043258.32	310.44	166.84	1043735.60
占地方一般预算支出比（%）	5.94	0.02	0.01	—

四川省18个地级市空间外溢补偿结果为耕地保护区域横向补偿及其流向提供了方向性的结果，不仅对耕地保护的长效机制建立奠定了基础，也为区域间经济社会协同发展起到积极作用。

从四川省18个城市的实证分析可以看出，成都市赤字数额和支付补偿额都远远大于其他城市的数额，原因在于成都市是四川省的省会城市，经济总量、人口规模和吸引力都在全省处于龙头地位。2017年成都市常住人口1604.47万人，其他17个地级市中人口最多的南充市也只有641.79万人，尚不及成都地区常住人口的50%；2017年成都市GDP达到13889.39亿元，其他17个城市GDP总计为22640.55亿元，平均生产总值为1332亿元，仅为成都市GDP的10%左右；但同期成都市耕地资源只有417千公顷，在全省18个城市中位列第6位。上述这些因素决定了成都市耕地资源承载的赤字量较大，从而支付补偿数额也较大。所以，在耕地资源保护上应针对不同资源禀赋、经济发展水平和人口规模实施不同政策，建立土地利用空间协调及梯度转移的经济联动发展机制。

规划管制引起的区域发展不均衡与受限，通过区域间财政转移来弥补经济损失，赤字区（支付）给予盈余（受偿）区补偿，该经济调节与激励措施对整体耕地资源保护而言是经济的，但对于部分区域可能是非经济的，中央政府应根据情况统筹安排跨区域的财政转移支付，以弥补农地资源保护盈余区政府的经济福利损失，并调动其保护耕地的积极性，但对于支付区要考虑其财政支付能力，适当支付与补偿能缓解空间外溢受益地区支付压力和排斥心理。在实践中，可由省级政府成立耕地保护基金会，统筹安排盈余地区耕地保护基金发放、农田水利设施建设等。

第七章　成都市耕地保护基金政策评价与调查

第一节　成都市耕地保护基金政策综合评价

近年来，国家出台多项政策积极鼓励地方政府探索耕地保护经济补偿实践，早在2005年国土资源部《关于进一步做好基本农田保护有关工作的意见》提出探索建立基本农田保护经济激励机制，2008年《中共中央关于推进农村改革发展若干重大问题的决定》提出要建立保护补偿机制，2015年中央一号文件明确规定健全粮食主产区利益补偿、耕地保护补偿、生态补偿制度，凸显出中央政府为耕地保护顶层设计所做出的努力。各个城市和地区也勇于创新和探索地方实践，如成都市、苏州市、上海市及广东省等，相继以耕地保护基金、生态补偿或基本农田保护经济补偿等形式直接对农民保护耕地行为发放现金补贴。随着典型区域耕地保护补偿试点的持续推进，政策运行的效果如何以及直接受益者农户满意度如何，成为完善耕地保护经济补偿机制重要因素。

成都市于2007年6月获得国家批准，成为全国统筹城乡综合配套改革试验区。在政府提高耕地综合生产能力和严格保护耕地资源的目标下，成都市政府提出要设立耕地保护基金项目，对耕地进行保护性补偿。2008年成都市率先在全国进行耕地保护基金政策的试点，该政策通过"工业反哺农业、城市支持农村"，使大量的公共财政向农村转移，通过资金支持和补贴的方式来提高农民保护耕地的积极性和主动性。2008年出台的《成都市耕地保护基金使用管理办法》明确了耕地保护基金具体内容和管理办法，该补贴基金与农村养老保险制度相结合形成一种新型的耕地保护经济补偿机制，得到众多专家的认可。

本研究以成都市耕地保护基金政策为实证对象，探讨成都市耕地保护基金政策产生的效果。耕地保护相关政策与制度较多，且政策间关系紧密，很难剥离出单个政策产生的效果，因此，本书以2008年作为时间点，运用时间序列对成都市耕地保护基金实施前后其耕地的质量、数量和耕地生态方面进行综合评价。

一、评价指标体系及方法

（一）指标体系的构建

科学的评价指标体系是进行政策效果评价的前提和基础，同时体系建立要注重政策的主要目标。成都市政府设立耕地保护基金的目标是严格保护耕地，提高耕地综合生产能力。实施耕地保护基金制度除了保护耕地数量外还要注重耕地质量提升，实现耕地数量、质量协调增长。因此，评价指标选取时要涵盖数量、质量以及环境要素。

在查阅文献基础上，采用层次分析法确定权重，并结合数据资料选择了八个指标（见表7-1）作为政策评价指标。

表7-1 成都市耕地保护基金政策评价指标层次

目标层	准则层	指标层
耕地保护基金政策评价（a）	数量指标（b1）	耕地动态平衡率（c1）
		人均耕地面积（c2）
		耕地垦殖率（c3）
	质量指标（b2）	耕地有效灌溉比（c4）
		粮食单产（c5）
		机械化程度（c6）
	生态指标（b3）	单位面积化肥施用量（c7）
		森林覆盖率（c8）

（二）指标的解释

对应于数量指标主要有：

耕地动态平衡率，该指标能够较好地反映一年中耕地动态变化情况，用年末耕地面积与年初耕地面积的比值表示；

人均耕地面积，反映一个地区内人均占有耕地资源数量的多寡；

耕地垦殖率，反映土地资源利用的程度和结构，用耕地面积与土地面积的比值表示。

对应于质量指标主要有：

耕地有效灌溉比，衡量一个地区农业灌溉设施及配套建设的完善程度，用有效灌溉面积与耕地面积的比值表示；

粮食单产，用粮食总产量与农作物播种面积的比值来衡量；

机械化程度，衡量区域耕地生产机械化程度，用农业机械总动力与耕地面积的比值表示。

对应于耕地生态指标主要有：

单位面积使用化肥量，反映耕地资源种植中的环境水平，用某年化肥施用量与耕地面积比值表示；

森林覆盖率，反映区域森林资源富足程度，是监测当地环境保护意识和生态环境的重要指标。

（三）模糊综合评价模型

耕地保护补偿政策评价属于多因素评价，主要涉及耕地数量、质量和生态方面。层次分析法属于主观的评价，为了消除主观评价的不确定性所带来的影响，本书将层次分析法和模糊综合评价法结合起来综合评价政策效果（王国胜，2007）。

政策评价中受知识、能力以及主观因素的影响，评价结果具有一定的模糊性，模糊综合评判就是针对模糊因素运用模糊数学原理分析和评价，把普通集合论只取 0 或 1 两个值的特征函数推广到 [0, 1] 区间上取值的隶属函数，把绝对属于或不属于的"非此即彼"扩张为更加灵活的渐变关系（刘序等，2016）。根据模糊集合论概念，设两个有限论域：

$$U = \{u_1, u_2, u_3, \ldots, u_m\}, V = \{v_1, v_2, v_3, \ldots, v_m\}$$

式中，U 是影响耕地保护制度的所有评判因素所组成的集合，V 是耕地保护效果程度所组成的集合。

如果着眼于第 i（$i=1, 2, \cdots, m$）个评判因素 u_i，其单因素评判结果为 $R_i = [r_{i1}, r_{i2}, \cdots, r_{in}]$，则 m 个评判因素的评判决策矩阵为：

$$\boldsymbol{R} = \begin{bmatrix} R_1 \\ R_2 \\ \cdots \\ R_m \end{bmatrix} = \begin{bmatrix} r_{11} & r_{12} & \cdots & r_{1n} \\ r_{21} & r_{22} & \cdots & r_{2n} \\ \cdots & \cdots & \cdots & \cdots \\ r_{m1} & r_{m2} & \cdots & r_{mn} \end{bmatrix}$$

$\boldsymbol{R}$ 就是 U 到 V 上的一个模糊关系。如果对各评判因素的权重分配为：

$$A = (a_1, a_2, \cdots, a_m)$$

即综合评判结果：$B = A \times \boldsymbol{R} = [b_1, b_2, \cdots, b_n]$

式中，B 为由 b_j 组成的模糊综合评判集；A 为由 a_i 组成的权重集；R 为由 r_{ij} 组成的模糊矩阵；b_j 为对第 j 个等级的模糊综合评价值，其含义是综合考虑所有评价因素的影响时，评判对象对评价因素集中第 j 个元素的隶属度。

（四）层次分析法确定指标权重

按照表 7-2 因素比较的准则，邀请专家们对表 7-1 进行两两比较。

表 7-2　因素比较准则

标度	相对比较（就某一准则而言）
1	一因素与另一因素同样重要
3	一因素比另一因素稍微重要
5	一因素比另一因素明显重要
7	一因素比另一因素重要得多
9	一因素比另一因素绝对重要
2，4，6，8	需要在上述相邻两标度之间折中
上列各数的倒数	另一因素对原因素的反比

邀请研究专家在准则层下对比任两个因素的重要程度进行赋值，其中两两比较遵循的原则为：若认为两个因素同等重要则赋值为 1；因素 1 若比另一因素 2 稍微重要则赋值为 3，因素 2 比因素 1 稍微重要则取倒数 1/3；因素 1 比因素 2 明显重要则赋值为 5；重要得多则赋值为 7；非常重要则赋值为 9；若重要程度并没有上述原则那么明显，也可以在相邻两标度之间进行折中，取值可以为 2、4、6、8 值，相反的因素对比则可以取倒数。

根据经验知识和研究积累作出评判的是具有主观能动性的专家，具有认识的多样性，评判过程中并没有参照物，在构造评判矩阵过程中专家可能作出违反常识的判断，但是我们期待专家的判断前后是一致的，因此，需要检验判断矩阵的一致性。

二、成都市耕地保护补偿政策评价

（一）评价数据来源

耕地保护补偿政策评价所需的数据主要来源于成都市统计年鉴。

（二）权重赋值

在构建评价指标体系的基础之上，确定成都市耕地保护补偿政策评价指标体系中各级指标的权重。具体做法是将该指标体系发给10位土地资源经济研究领域学者，按照表7-2得出指标的相对重要性，计算结果见表7-3。

表7-3 成都市耕地保护补偿政策效果评价权重表

目标层	准则层	权重	指标层	权重
耕地保护补偿政策评价（a）	数量指标（b1）	0.4	耕地动态平衡率（c1）	0.1990
			人均耕地面积（c2）	0.0873
			耕地垦殖率（c3）	0.1137
	质量指标（b2）	0.4	耕地有效灌溉比（c4）	0.0390
			粮食单产（c5）	0.2278
			机械化程度（c6）	0.1332
	生态指标（b3）	0.2	单位面积化肥施用量（c7）	0.1333
			森林覆盖率（c8）	0.0667

在解决问题的实际过程中，需要对判断矩阵进行一致性检验，使其满足总体一致性。

一致性检验的步骤如下：

第一步，计算一致性指标 $CI=(\lambda_{max}-n)/(n-1)$。

第二步，查找平均随机一致性指标RI（表7-4）。

表7-4 平均随机一致性指标RI值

阶数	1	2	3	4	5	6	7	8	9	10	11
RI值	0.00	0.00	0.58	00.90	1.12	1.24	1.32	1.45	1.45	1.49	1.51

当CR<0.1时，判断矩阵总体上的一致性是可接受的。

当$n \geqslant 3$时，把CI与RI之比定义为一致性比率CR，其中CR=CI/RI。

通常情况下，当CR<0.10时，判断矩阵具有满意的一致性，否则应对判断矩阵做一定程度的修正。

根据计算，准则层一致性比例为0.0000，对耕地保护补偿政策效果评价的权重为1.0000，λ_{max}为3.0000，通过一致性检验。

数量指标一致性比例为0.0806，对耕地保护补偿政策效果评价的权重为

0.4000，λ_{max} 为 4.2153，通过一致性检验。

质量指标一致性比例为 0.0236，对耕地保护补偿政策效果评价的权重为 0.4000，λ_{max} 为 3.0246，通过一致性检验。

生态指标一致性比例为 0.0000，对耕地保护补偿政策效果评价的权重为 0.2000，λ_{max} 为 2.0000，通过一致性检验。

总体来说，所有权重值均通过一致性检验，权重可采用。

（三）补偿政策综合评价

1. 成都市原始数据

通过查找各类文献资料收集整理得出成都市 2003—2017 年耕地利用数量、质量以及生态等方面相关数据，如表 7-5 所示。

表 7-5　成都市耕地保护补偿政策评价因子数据表

年份	耕地动态变化（%）	人均耕地面积（亩/人）	耕地垦殖率（%）	耕地有效灌溉比（%）	粮食单产（公斤/亩）	机械化程度（千瓦/亩）	单位面积化肥施用量（吨/公顷）	森林覆盖率（%）
2003	95.15	0.52	29.27	96.86	372.18	0.43	0.54	32.20
2004	98.59	0.49	27.98	99.42	378.64	0.44	0.58	32.20
2005	98.50	0.48	27.83	98.34	358.52	0.46	0.57	35.00
2006	98.47	0.47	27.98	97.13	378.12	0.56	0.56	36.10
2007	99.47	0.47	27.83	96.36	388.93	0.49	0.58	36.15
2008	125.15	0.58	35.61	76.01	398.19	0.52	0.46	36.15
2009	99.30	0.56	35.36	75.22	407.45	0.56	0.43	36.80
2010	99.37	0.56	35.13	75.21	408.90	0.54	0.40	36.90
2011	99.59	0.55	34.99	75.36	405.97	0.64	0.41	36.80
2012	100.00	0.54	34.99	73.15	407.10	0.66	0.37	37.80
2013	99.77	0.53	34.91	73.51	407.61	0.71	0.37	37.80
2014	100.05	0.52	34.92	73.70	417.54	0.77	0.37	37.89
2015	99.89	0.52	34.88	74.12	471.55	0.88	0.36	38.40
2016	125.24	0.57	36.94	70.27	391.19	0.74	0.35	38.70
2017	99.26	0.55	36.67	70.30	461.28	0.77	0.35	39.10

数据来源：由 2004—2018 年成都市统计年鉴整理而成。

从成都原始数据分析可以看出，成都市耕地面积相对比较稳定，2016年简阳并入成都，因此耕地面积变化波动较大；耕地垦殖率在逐年上升，速度比较缓慢，与全国耕地垦殖率平均水平相比略高一些；农用化肥施用量逐年下降，这与国家减肥增效、可持续农业发展道路相一致。

数据显示上涨比较稳定的指标包括粮食单产、机械化程度及森林覆盖率等正向指标，说明成都市耕地利用状况有逐年好转的趋势。机械化程度的提高对农业生产大有裨益，森林覆盖率的提高也说明成都市在土地生态环境和耕地可持续发展方面投入了较大精力。

数据分析显示，成都市的人均耕地面积低于全国水平，与联合国划定的人均耕地警戒线也有一定差距。同时，耕地有效灌溉比在逐年下降，原因可能在于农村种植业人口逐年减少，农村灌溉设施利用和维护管理不足。

2. 建立隶属度评价表

研究把评价标准分为优秀、良好、中等、较差和差五个等级，根据已建立的指标体系，确定每个指标隶属度的标准等级。确定等级隶属度必须有一定现实依据，本研究根据成都市现代农业建设规划、国家统计数据、国家农业规划等文件，综合建立成都市耕地保护补偿政策评价隶属度表（见7-6）。

表7-6 成都市耕地保护补偿政策评价隶属度

指标	优秀 100	良好 90	中等 80	较差 70	差 60
耕地动态平衡率（c1）	≥100%	[99%，100%）	[98%，99%）	[96%，98%）	<96%
人均耕地面积（c2）	>1.2	(1.0，1.2]	(0.8，1.0]	(0.5，0.8]	≤0.5
耕地垦殖率（c3）	>33%	(26%，33%]	(19%，26%]	(12%，19%]	≤12%
耕地有效灌溉比（c5）	>96%	(94%，96%]	(92%，94%]	(90%，92%]	≤90%
粮食单产（c6）	>410	(390，410]	(370，390]	(350，370]	≤350
机械化程度（c7）	>0.70	(0.63，0.70]	(0.57，0.63]	(0.51，0.57]	≤0.51
单位面积化肥施用量（c8）	≤0.4	(0.4，0.5]	(0.5，0.6]	(0.6，0.7]	>0.7
森林覆盖率（c9）	≥40%	[38%，40%）	[36%，38%）	[34%，36%）	<34%

各个指标隶属度标准确定的依据如下：

耕地动态平衡率：根据成都市2003—2017年的统计数据计算可知耕地动

态平衡率变化不是很大，剔除2008年和2016年的统计数值变动，其变化范围为95%～100%。隶属度确定了若耕地资源年内大于100%则为优秀，在99%～100%之间为良好，依此类推，96%以下认为不及格。

人均耕地面积：联合国粮农组织将耕地的警戒线规定为人均0.8亩，《2017中国土地矿产海洋资源统计》公报显示中国耕地面积为20.23亿亩，《中国统计年鉴（2017）》公布全国总人口为13.82亿人，则人均耕地面积为1.46亩。成都市人均耕地面积一直小于联合国粮农组织公布的警戒线，2005年后一直小于人均0.6亩。本书人均耕地面积隶属度标准利用联合国确定的警戒线0.8亩和第二次全国土地调查前人均耕地面积1.2亩作为标准的衡量依据。

耕地垦殖率：据统计，2008年我国土地垦殖率为12.8%，略高于世界平均水平的11.5%。按照第二次全国土地调查耕地面积20.25亿亩来计算，我国土地垦殖率略有提高，为14.06%。平原、盆地水热条件充足地区土地垦殖率较高，可以达到30%。成都市的垦殖率从2003年后一直在27%～37%，按照世界平均水平和我国的平均水平，把12%作为基础，在此基础上把幅度7%作为标准提升的依据。

耕地有效灌溉比：根据《四川省高标准农田建设技术规范》规定，完善灌排体系，充分利用水资源，满足灌溉设计保证率$P=80\%$的农田面积比例应不低于90%，因此，本隶属度标准把90%作为隶属度的最低下限。

粮食单产：2017年全国粮食单位面积产量为5506.0公斤/公顷，合367公斤/亩。成都市地处于成都平原区，粮食综合生产能力较强，远高于全国平均水平。依据《国家粮食安全中长期规划纲要（2008—2020年）》中关于粮食单产目标，2020年粮食单产水平达到350公斤/亩，作为本研究的最低限的隶属度标准。

机械化程度：《全国农业机械化发展第十三个五年规划》提出全国的农业机械化水平到2020年应全面得以提升，2017年全国农作物耕种综合机械化率为66%，到规划目标年将达到70%左右。成都市机械化水平从2003—2015年逐年提高，2011年后一直高于全国水平，2015年达到了88%。因此，本隶属度以高于全国平均水平70%作为优秀标准，同时结合成都市机械化程度变化情况，确定评价隶属度标准。

单位面积化肥施用量：农业部印发的《到2020年化肥使用量零增长行动方案》提到我国农作物亩均化肥用量21.9公斤（即每公顷0.329吨），远高于世界平均水平每亩8公斤（即每公顷0.12吨）。行动方案提出控制我国化肥使用量，从2015年到2019年将年增长率控制在1%以内，2020年保持零增长。按照该零增长行动方案，到2020年每公顷化肥施用量0.4吨以下。根据成都市的单位面积化肥施用量可知其施用量远高于全国水平。该指标为逆向指标，把0.4吨作为优秀的上限的隶属度标准。

森林覆盖率：成都市出台的《大规模绿化全川成都行动方案（2016—2020）》提出到2020年，成都全市森林覆盖率达到40%。《成都市生态文明建设2025规划》提出到2025年森林覆盖率达到41%以上。本研究依据成都市具体情况把覆盖率40%作为优秀等级评价隶属度标准，其他等级结合成都市实际情况确定。

3. 评价分数计算

根据上述隶属度表与相应权重，可以计算出成都市从2003—2017年间耕地变化情况（见表7-7）。

表7-7 2003—2017年成都市耕地利用情况评价表

年份	数量指标评价	质量指标评价	生态指标评价	综合评价
2003	73.50	75.29	73.33	74.18
2004	78.48	75.29	73.33	76.17
2005	78.48	69.60	76.67	74.56
2006	78.48	75.29	80.00	77.51
2007	83.45	75.29	80.00	79.50
2008	91.27	80.42	86.67	86.01
2009	86.30	80.42	86.67	84.02
2010	86.30	80.42	86.67	84.02
2011	86.30	87.08	86.67	86.68
2012	86.30	87.08	93.33	88.01
2013	86.30	90.41	93.33	89.35
2014	86.30	96.10	93.33	91.62
2015	86.30	96.10	96.67	92.29
2016	91.27	90.41	96.67	92.00
2017	86.30	96.10	96.67	92.29

根据表7-7，可以画出折线图表示耕地保护补偿政策实施前后变化。耕地利用的变化情况如图7-1。

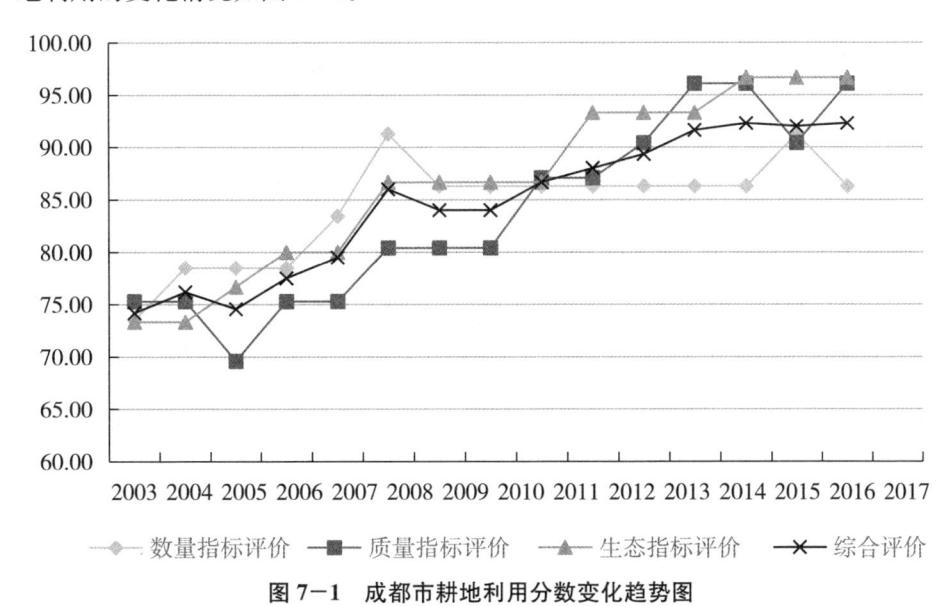

图7-1 成都市耕地利用分数变化趋势图

通过耕地保护政策的综合评价得分情况可以看出：

2003—2017年耕地保护政策效果明显，耕地数量、质量和生态三方面综合评价分数都呈上升趋势。耕地数量评价结果显示，耕地数量指标在2008—2016年出现拐点，主要原因在于2008年成都市耕地面积数据为全国第二次土地普查结果，耕地面积明显增加；2016年简阳并入成都市，耕地面积明显增加。整体来看，耕地数量在实施耕地保护基金政策后基本能保持现状。耕地质量评价结果显示，整体呈现波动性上升，在耕地保护基金政策实施后上升幅度明显提高，2005年和2016年出现拐点。2005年成都市粮食产量下降5.8%导致耕地质量评价出现拐点，粮食产量下降可能的原因在于自然灾害。《四川减灾年鉴（2005）》显示，2005年盛夏阴雨寡照低温是一次重大的农业气象灾害事件，对水稻生产危险较大，其中成都平原水稻空壳率达20%以上，同时籽粒增重受到影响，产量损失较大。2016年简阳并入成都，粮食产量增幅明显小于耕地面积增幅。从耕地生态评价结果来看，整体呈现波动性上升。

综合来看，2008年成都市政府开始实施耕地保护基金，该政策实施后的两年其综合评价得分基本保持不变，2010年后综合评价得分小幅度提高，说明政策可能具有两年的滞后期，两年之后耕地保护基金的效果才体现出来。近年来，耕地保护基金实施效果进入瓶颈期。此外，耕地保护基金对于耕地质量和耕地生态安全作用明显，而对于耕地数量保护具有滞后期。

第二节 成都市耕地保护基金认知调查

农地肩负着国家粮食安全和生态安全的重任，保护农地的重要性不言而喻。随着城镇化进程推进，耕地外部性价值失衡导致耕地数量锐减、耕地肥力下降、生态环境被破坏等现实问题。成都市政府积极响应国家号召，寻求耕地保护和利用创新机制，充分发挥政府在耕地保护上的主体作用，设立了成都市耕地保护基金制度并取得一定效果。农户是耕地保护基金政策的直接受益者，其认知度、满意度直接影响农户耕地保护行为及补偿政策的成效。本研究通过问卷调查，从农户认知及满意度视角来探究成都市耕地保护基金政策成效，为进一步完善耕地保护基金补偿政策提供参考依据。

一、实地调查情况

2008年耕地保护基金在成都市辖域范围内全面铺开，此次调研主要以成都市双流区、温江区、郫都区部分农户为研究对象，问卷围绕农户对耕地保护基金政策认知度和满意度进行设计。通过文献借鉴以及预调查不断修正调研问卷，并于2015年5月进行为期半个月的正式调查。在调查对象的选取上，尽量囊括农村中的青年群体、中年群体和老年群体，但通过预调查可知，现在农村中老年人较多，为保证受访群体多样性，问卷调查时尽可能多地关注年轻群体。调查方式主要以入户调查为主，并结合与村干部的访谈。问卷内容主要涉及农户个人基本特征、对耕地保护基金政策认知程度以及发放耕地保护基金前后的行为差异度。

具体调查主要在双流区黄水镇杨公村、扯旗村、文武村，金桥镇的昆山村、金沙村，彭镇的福田社区；郫都区友爱镇清溪村、子云村、龙溪村，花园镇祈福村、永泉村、七里香村；温江金马镇同福村，和盛镇广水村，万春镇红旗村展开。本次共发放问卷300份，剔除缺失数据及回答不完整、前后不一致的无效问卷，获得有效问卷284份。

二、受访者个人基本特征

本次调查的农户的个人基本特征分析见表7-8。

表7-8 受访者基本情况

统计指标	分类指标	人数（人）	比例（%）
性别	男	149	52.5
	女	135	47.5
年龄	<30岁	12	4.2
	30~40岁	22	7.7
	41~50岁	71	25.0
	51~60岁	88	31.0
	>60岁	91	32.0
教育程度	文盲	44	15.5
	小学	108	38.0
	初中	92	32.4
	高中、中专	28	9.9
	大专	12	4.2
村干部	是	14	4.9
	否	270	95.1

（一）性别

调查中男性受访者多于女性，其中男性受访者占样本总人数的52.5%，女性受访者占样本总人数的47.5%。

（二）年龄

受访的年龄以41岁以上为主，占样本总数的88.0%，特别是60岁以上老人所占比例最高，占32.0%，这说明家庭中参与务农的多为中老年人，年轻人大多出去务工。

（三）文化程度

受访者的文化程度普遍偏低，以小学和初中为主，占总人数的70.4%。可见，农村居民的文化层次较低。

（四）身份

本次调查不仅有普通农民，还有村干部，村干部的人数占总人数的4.9%。村干部作为耕地保护基金政策的监督实施者，对本村的农地种植与耕地保护了解得较全面，对政策的实施效果更具发言权。

（五）收入状况

农业收入占家庭总收入的比例小于等于10%的人数最多，占总人数的39.4%，占家庭总收入比例大于50%的人数仅占总人数15.8%（见表7-9），说明大部分家庭收入不再以农业为主，与大部分青壮年外出工作，受访者多为中老年人相照应。

表7-9 受访者经济收入情况

农业收入占家庭收入比	人数（人）	有效百分比（%）
>80%	12	4.2
70%＜占比≤80%	8	2.8
60%＜占比≤70%	10	3.5
50%＜占比≤60%	15	5.3
40%＜占比≤50%	13	4.6
30%＜占比≤40%	32	11.3
20%＜占比≤30%	28	9.8
10%＜占比≤20%	54	19.0
≤10%	112	39.4
合计	284	100.0

三、耕地保护基金认知及满意度

(一) 受访者对耕地保护的认知

建立耕地保护补偿激励机制的根本目的在于充分利用激励约束机制，促进公众参与耕地保护工作。若要制度落到实处，必须了解农村居民对于耕地保护主体的认知情况。"谁是耕地保护主体"问题中，中央政府的选择频次为70次，地方政府的选择频次为58次，农户的选择频次为29次。这说明农民不会主动保护耕地，需要政府采取相应的激励措施。

对于目前哪个才是耕地保护工作面临的严峻问题时，58.6%的受访者认为外出打工是耕地保护工作面临的最严重的问题。农地的比较经济利益低下，农民外出打工的人数逐年增加，以后谁来种植土地的问题日益凸显。随着经济发展，年轻的农村居民更倾向于参与非农业的生产活动，这也说明耕地保护激励工作的关键在于如何激励年轻的农村劳动力积极参与到农业生产和耕地保护工作中来。

52.8%的受访者认为耕地存在数量减少和质量下降的现象。其中，又有52.7%的受访者认为城市不断扩张、建设占用是导致耕地数量减少和和质量下降的最主要原因；24.0%的受访者认为农民撂荒、植被覆盖率降低是主要原因；23.3%的受访者认为是化肥农药使用不当造成环境污染，最终导致耕地质量下降。对于灾毁导致农用地面积减少这一选项，成都市周边地区受访者并不认同（表7-10），这也与成都平原地区耕地灾毁与水灾发生较少有较大关系。

表7-10 耕地质量与数量下降主要原因调查

耕地质量与数量下降主要原因	选择人数（人）	比例（%）
城市扩张、建设占用	79	52.7
灾毁导致面积减少	0	0
农民撂荒、植被覆盖率降低	36	24.0
化肥农药使用不当造成环境污染	35	23.3
合计	150	100.0

(二) 受访者对耕地保护基金的认知

农户对于耕地保护基金的认知度会影响政策的实施效果。比如，农户对于耕地保护基金使用范围、补贴发放的目的等方面的认知直接影响耕地保护基金的运行效果。96.4%的受访者听说过耕地保护基金政策，仅有3.6%的受访者没有听说过耕地保护基金政策。在听说过此基金政策的人中，选择"村集体宣传"选项的人数是最多的，其次才是"政府宣传"（表7-11）。数据表明：成都地区的农户主动通过电视、广播和报纸了解政策的频次较低，对农民执行耕地保护基金政策影响最大的还是村集体，因此，要重视村集体在实施农地保护政策中的宣传、协调作用。

表7-11 农户了解耕地保护基金的渠道

类型	电视	广播	报纸	政府宣传	村集体宣传	其他农民	总计
选择频次（次）	10	3	3	80	202	38	336
比例（%）	3.0%	0.9%	0.9%	23.8%	60.1%	11.3%	100%

《成都市耕地保护基金使用管理办法》明确规定了基金适用范围，主要用于耕地流转担保金和农业保险补贴、承包到户农民购买养老保险和未承包到户的村集体经济组织的现金补贴。

在耕地保护基金的使用范围中，选择"农业保险补贴"和"农户养老保险补贴"的频次最多，分别为31.0%和54.9%（见表7-12）。政府规定的耕地保护基金使用范围有多种，但对农民影响最深的还是切合农民利益的、深受农民喜欢的农户养老保险补贴。只有5.0%的受访者选择耕地流转担保金。值得一提的是14位受访者并不知道资金的使用范围，也不关心资金使用范围，说明部分农户对耕地保护基金资金使用情况不够了解。这部分农户只知道政府给予的补贴，但并不知道补贴用途。因此，需要政府、村干部等加大耕地保护基金的宣传力度，尽量做到人人了解耕地保护基金政策，感受到耕地保护带来的好处，从而自觉形成保护耕地的意识。

表7-12 耕地保护基金使用范围调查

耕地保护基金使用范围	选择频次（次）	比例（%）
耕地流转担保金	17	5.0%
农业保险补贴	105	31.0%
农户养老保险补贴	186	54.9%
未承包到户耕地的现金补贴	31	9.1%

(三) 耕地保护责任认识

根据成都耕地保护基金使用管理办法，在耕地保护基金补贴标准发放时要签订《耕地保护责任合同》，按照合同的规定来履行耕地保护责任。具体责任主要有保护耕地面积与质量不下降以及用途不改变，若违反规定要承担相应的责任。为了掌握签订合同后农民是否真正了解耕地的保护责任是什么，本研究设置了三个选项，分别为不得非法改变耕地用途、不得破坏耕作层、不得闲置荒芜耕地。从调查结果来看人们对耕地保护责任的理解比较清晰。尤其对"不得闲置荒芜耕地"了解深入。选择"不得破坏耕作层"的次数和人数相对来说较少，可能的原因是农民对"耕作层"这个专业术语不了解。从调查与访谈的结果来看，成都市的农业利用环境较好，就算没有任何补贴政策，农户也不会轻易闲置或者撂荒耕地。

对于耕地保护基金政策实施后，若耕地保护责任人没有履行耕地保护责任，耕地保护基金发放额度是否因此受到影响，选择"会"与"不会"的人数分别占 50.7% 和 49.3%（表 7-13）。对于选择"不会"的人来说，认为即使有"闲置荒芜耕地、破坏耕作层、非法改变耕地用途"等破坏耕地的行为，政府也不会给予相应的处罚措施。为了耕地保护政策有序、有效地实施，真正达到保护耕地、保障粮食安全的目的，政府部门要严格按照规定，对于违法、违规现象给予干涉和处罚。

表 7-13　没有履行耕地保护责任对耕地保护基金发放的影响调查

类型	选择人数（人）	比例（%）
会	144	50.7
不会	140	49.3
合计	284	100.0

(四) 耕地保护基金满意度调查

农户对耕地保护基金政策的满意度影响到耕地保护目标的完成和政策预期效果，而且满意与否意味着耕地保护积极性与否（蔡银莺，2014）。从耕地保护基金的满意调查统计结果看出（见表 7-14），农民的满意度还是比较高的，其中耕地保护基金制度、基金的发放方式、资金分配方式的满意程度均达到 80% 以上，但是"基金发放标准"的满意度仅有 62%。对不满意原因进行统计，主要有：①补偿标准太少；②资金的分配方式不公平且账户不统一；③基金不能提前支取和转作他用，用于缴纳养老保险后多余的补贴才能提取现金，或者不愿按规定缴纳养老保险的必须等到男年满60周岁、女年满55周岁，才能一次性提取养老保险个人账户的资金。因此，在完善耕地保护基金政策时要注意以下几个方面：①在资金来源充足的情况下补偿标准是否可以适当提高；②受访者认为资金的分配方式有问题，特别是对基本农田和一般性耕地的理解不够透彻，需要政府和村集体经济组织予以引导和解惑；③是否考虑按照受访者意愿来支配耕地保护基金的使用方式，即农民享有"自由支配权"。

表7-14 耕地保护基金满意度调查

类型	满意占比（%）	不满意占比（%）
耕地保护基金制度	82.0	18.0
基金发放标准	62.0	38.0
基金发放形式	84.7	15.3
资金分配方式	80.0	20.0

（五）耕地保护基金的效率分析

耕地保护基金能否对耕地保护责任起到一定的行为约束作用？调查围绕农户耕地保护行为在政策实施前后的差异展开。对于"农民是否会因为补贴而开始关注耕地保护"问题，受访者选择"是"与"否"人数分别占52.8%和47.2%。这说明部分农民保护耕地的初衷不是耕地保护基金，而是部分农民把耕地作为最基本的生活保障。"农地是人之根本"思想一直存在于中老年人观念中。对于年轻人来讲，不会因为给予补贴其思想观念发生太大变化，有机会获得更高的经济利益就可能做出经济最优理性决策。因此，年轻人的耕地保护意识非常重要，政府还需继续做好宣传和教育，激励目标应向年轻一代转移。

对于影响耕地保护效率的原因调查设置了"如果有机会出去务工，期望务工还是种地"与"是否期望耕地被征收"问题。期望务工的农民有60.8%愿意自家耕地被征收，期望种地的农民有36.2%愿意自家耕地被征收，样本数据差异很明显。在下一代是否愿意在家种地的统计中，有86.3%的受访者回答下一代不愿意在家种地。综上所述，若有机会出去务工，人们愿意耕地流转，出去务工。"对于选择种地的原因"的回答可知一部分居民之所以选择继续种地的原因在于年龄大，出去找不到满意的工作，而种地可以保障家庭的日常生活；还有部分农民想出去工作，但没有一技之长，只有承包土地，把土地作为家庭主要收入来源；部分居民认为打短工和种地可以互不影响。

可见，耕地保护直接实施者如果没有保护的意识和观念，那么再好的耕地保护政策都无法达到预期效果。政府应从平衡城乡收入差异来解决农业问题，充分调动农民保护耕地的积极性和主动性。

四、结论与建议

通过对成都市284份问卷的统计与分析并结合全国农业发展现状可知：①农业比较经济利益较低，很多农民以打工或者其他经营为主，兼业化程度高，农业反而成了农民的副业；②种植农作物的年轻人较少，年轻人农业知识匮乏；③常年居住农村的农户文化程度较低，大部分是中小学文化程度，而文化程度较高者以外出打工为主；④大部分农户已经感受到农地的质量和肥力在逐年下降，城市扩张、建设用地占用耕地导致面积不断减少。

农民的耕地保护意识、认知水平、意愿行为在耕地保护中起到非常关键的作用，通过对成都耕地保护基金农户认知及满意度结果分析可知：

（1）要重视村集体在实施相关政策中的宣传、协调作用。

（2）政府部门要严格按照规定，对于违法、违规现象给予干涉和处罚。要明确耕地保护受偿者的保护责任，建立权利与责任、补偿相结合的机制。

（3）在耕地保护基金资金的使用范围中，考虑契合农民需要的、符合农民利益的补贴方向。

（4）在统计中不少受访者并不知道补贴的真正原因，补偿仅仅是额外收入与福利，并不会因此对耕地保护重视程度有所增加，因此，需要政府、村干部等加大耕地保护基金的宣传力度，使其了解耕地保护的最终目的。

第八章 研究结论与政策制度安排

第一节 研究结论

一、农地保护外部性及空间转移

农地具有正外部性和负外部性的双重属性。正外部性表现为农地的涵养水源、维持生物多样性、调节气候等多功能性，同时关系到国家粮食安全、生态安全和社会安全；负外部性主要表现为环境不友好耕作行为给区域带来不可逆转的环境外溢和生态效益损失。但整体而言，农地保护所产生正外部效益大于负外部性效益，在农业比较利益较低的情况下，损害责任由社会承担。因此，农地保护的负外部效益应由国家给予补贴，以此削弱影响；农地保护正外部效益应由保护受益者给予保护主体补偿，以达到激励目的。

基于农地保护特性及产生原因不同，农地保护外部性可分为农地保护本身外部性和规划管制的外部性两类。无论哪种形式的外部性，保护主体受益始终贯穿于外部性转移方案的思想观念中。对于农地保护本身外部性直接补偿给农地的直接种植者和农产品生产者，不考虑该生产和种植者如何获得农地经营权和使用权。农地规划管制所产生的空间外部性补偿对象为地方政府和农村集体经济组织以及农地承包经营权直接获得者。

根据农地保护外部性产生机理及相关利益主体之间关系，将农地保护补偿分为横向补偿和纵向补偿。纵向补偿是在识别农地生态功能所产生的外部性的基础上对所有保护者进行的补偿，而横向补偿是基于空间规划、用途管制、生态保护红线、耕地保护红线等管控造成的损失进行的补偿，宏观上可以用生态供需平衡的生态盈亏与外溢来明确责任与权益。

二、农地保护外部效益测度

（1）利用机会成本和条件价值方法分别测算了农地保护的外部效益。经济发达区域地方政府耕地保护的机会成本损失核算结果为 67350 元，农民耕地保护、农地保持农用的机会成本损失为 9986 元。偏远区域即农地没有流转为建设用地需求区域，地方政府耕地保护机会成本损失为 0；农民调整农业结构后耕地保护机会成本损失为 6899 元。

（2）利用条件价值法测算了成都市周边区域的支付意愿，根据支付意愿与受偿意愿的特点，取其均值为 632.5 元。可以看出机会成本法和条件价值法的测算结果相差很大，机会成本考虑的是为了维持农地用途而放弃收益损失，这一思路相对于条件价值方法来说更为客观，同时损失内容清晰，但区域之间的差异较大；而条件价值法是基于主观的农民意愿而得出的结果和标准，直接体现了保护主体的意愿和需求，可以作为个体补偿标准的下限依据。

三、农地保护外部性空间外溢

（一）农地保护外部性空间外溢边界

生态系统有一个很重要的特征是具有尺度效应和空间异质性，毗邻区域不可避免共享着某种生态服务。农业对环境造成的非点源污染对人体健康造成了很大的危害，人们对此认同度较高，为了测度农地保护外部性空间外溢边界，本书以成都市农业面源污染为例，采用逆向思维测算一定社会认知下主观的农地保护外部性空间影响范围。本研究认为，若以某一点为生态系统提供源，其在流动范围内呈现距离衰减模式，衰减距离为 50 公里，50 公里即为外部性空间外溢边界。

（二）规划管制下农地保护外部性空间外溢

规划管制引起的区域发展不均衡与受限，可以通过区域间财政转移来弥补经济损失。本研究依据区域耕地综合生产能力所能养活人口的耕地需求量和耕地供给量之间关系，划定耕地保护承载力盈余（受偿）、承载力赤字（支付）和承载力平衡区域，确定了区域耕地保护空间外溢或者赤字量；在探讨规划管制对经济约束时引入规划管制暴损程度，以区分不同区域受限差异，确保核算结果具有一定科学性。

由于区域之间财政转移是农地资源保护空间外溢的一种尝试，对于整体的农地资源保护而言是经济的，但对于部分区域而言可能是非经济的，因此，采取适当补偿的方式，以减少农地资源保护空间外溢受益地区排斥的可能性。根据研究核算结果，成都市支付额度为1043258.32万元，攀枝花市支付额度为310.44万元，雅安市支付额度为166.84万元。其他14个市应得到补偿，其中宜宾市受偿额度最大（为319072.58万元），其次为泸州市136475.61万元，最少的是遂宁市（为7087.52万元），内江市处于农地保护平衡区域。

四、成都市耕地保护基金补偿标准

CVM测算得出每亩耕地应获得632.5元补偿，该结果可以直接补偿给农业种植者；而农民农地保护机会成本损失约为9986元，该补偿数值应该在农业种植者与农村集体经济组织中合理分配，原因在于农村土地所有权主体属于农村集体经济组织，农民仅仅获得土地的使用权。

参照成都市郫都区集体经营性建设用地入市收益分配方案，农村集体经济组织提取大部分集体经营性建设用地入市收益作为集体发展资金，小部分作为集体经济组织基础设施建设和管理，以上两部分不低于收益的80%，剩下不超过20%的收益用于集体经济组织成员现金分红，具体比例由村民自行开会协商。本研究中农户和农村集体经济组织之间的收益分配比例按照10%提取，原因如下：①农村集体经济组织获得收益用于农村集体经济组织的基础设施建设和农业生产活动，若给予比例太低，将导致农村集体经济组织的公共基础设施及农户个人无法独立完成的农业生产活动处于实施边缘，被排除在外。②农民耕地保护直接补偿还处于全国的试点与初步实施阶段，这个阶段选择适当补偿为宜，补偿太高可能会打破现在的农业生产格局，不利于农地流转和规模化经营。③补偿目标在于实现社会发展机会均等与公平，提高耕地保护者的积极能动性，不仅仅是提高耕地保护者的收入水平，从目前实施耕地补偿的数额来看，最高是上海闵行区，每亩基本农田生态补偿标准为1500元，补偿资金主要用于增强村集体组织"造血"能力，壮大村级集体经济以及用于村公共支出。村公共支出部分的资金主要用于对美丽乡村建设的市政基础设施、公共服务设施的养护管理，以及用于引导农民做好宅前屋后环境卫生管理、自留地管理、民房规范出租和履行村规民约等。因此，农户提取10%的比例即998.6元额度已经达到全国较高水平。

最终确定直接补偿给农户的补偿额度在632.5~998.6元区间。每亩632.5元是调查所得农户的耕地保护外溢的需求意愿，该值作为最低的补偿额度标准；998.6元标准作为最高的补偿额度上限。以支付意愿、受偿意愿与机会成本法计算结果建立一个补偿标准的区间值，作为耕地保护外部性经济价值的评估范围，这样避免了以具体数值作为评估结果导致误差较大的缺陷；同时耕地所产生的生态价值、社会保障价值具有公共物品属性，缺乏明确的效用和生产边界，如果认定具体数值为所评估经济补偿价值，容易高估或低估，进而导致结果难以被公众、政府接受。

五、成都市耕地保护基金政策绩效与完善

成都市耕地保护基金将耕地保护责任和维护农民权益两者相结合，达到农业保护与农民权益双赢的这一做法值得肯定和推广。综合评价成都市耕地保护基金政策，发现其滞后期为两年，即2008年开始的耕地保护基金到2010年政策效果才显现出来。成都市实地调查结果显示，部分农民对耕地保护基金发放目的不是很清楚，认为是政府给农民的福利关怀；农民对基本农田和一般耕地的理解不够透彻；农民认为资金发放形式需要调整；村集体经济组织在耕地保护基金及相关农地保护政策宣传实施中起着较大作用，需要重视并利用好村集体组织和协调能力；严格按照基金管理办法及合同要求，对违法、违规现象给予处罚和追究责任，既重视基金发放，也要重视合同违约监督管理。

结合全国其他典型区域耕地保护经济补偿的实践，成都市耕地保护基金制度可进一步改进与完善。

1. 统一耕地补偿类别并拓宽保护对象

成都市耕地保护基金按照一般耕地和基本农田的类别设置不同的补贴标准。

调查结果显示，大部分农民不清楚一般耕地和基本农田的差异性，在没有较详细的耕地质量分类标准下，可统一耕地补偿类别，以免农民对补偿公平性持怀疑态度。

成都市耕地保护基金补偿客体是能够种植农作物的水田、菜地及可调整的园地，应该拓宽基金所针对的对象，将保护扩充到整个乡村生态环境功能及景观保护上。

2. 不限制资金使用范围与方向

成都市耕地保护基金使用方向与发放方式需要改进，农户主要是以养老保险的形式获得补偿，虽然在一定程度上确保农村居民的养老保障，但是该措施具有强制性。建议借鉴佛山经验，由农村集体经济组织代表大会共同表决资金使用范围和发放方向。由耕地保护补偿的本质可知，耕地保护经济性补偿是对耕地保护主体权益损失的补偿，该权益损失可由保护主体自由支配。

3. 多元化资金来源及提高公众参与度

成都市耕地保护基金资金来源于新增建设用地土地有偿使用费和土地出让金，不够时可以由财政预算补足。若土地市场不景气或者土地出让市场萎缩，特别是集体经营性建设用地的入市对土地出让金及新增建设用地土地有偿使用费是一不小冲击，会造成两项资金缩水。因此，建议成都市调整耕地保护基金资金来源，将补偿的直接货币转变成多元补偿模式，并不断寻求市场支持，如碳汇交易、生态产品认证，以提高农地保护的社会参与度，从而增加资金来源。

4. 提升补偿额度及拓宽补偿对象

综合考量 CVM 与机会成本测算结果，得出直接补偿给农户的补偿额度在 632.5~998.6 元区间。目前成都市耕地保护基金仅给予农地承包权者，并没有考量农地经营权者，因此，该测算结果应该在农地承包者和经营权者两者之间合理分配。

基于农地保护机会成本损失，农村集体经济组织应得补偿额度为每亩 8987.4 元，该项资金用于农村集体基础设施建设和农业基础服务工作。

地方政府由于保护农地资源其损失机会成本为每亩地 67350 元，该项资金用于农村土地整理、开发利用和基础设施建设工作。

第二节 政策制度安排与建议

一、关于补偿主客体

按照"谁提供谁受益，谁享用谁支付"原则，区分补偿的主体和客体。因此，农地经济补偿主体应该是享用农地资源保护外部效益，但未承担任何农地保护成本的地区或者个人。中央政府代表享受正外部性的社会群体（一般为城镇纳税人）成为补偿主体；区域之间的横向财政转移中地方政府代表该地区享受正外部效益群体，也成为经济补偿主体。

补偿客体主要包括农产品提供者、集体经济组织及承担更多保护责任的地方政府。按照农地产权所属来讲，农地属于农村集体经济组织所有，村集体经济组织拥有所有权，农民作为村集体一员获得农地承包经营权，但随着农村土地制度改革深入，农地承包经营权可以流转，承包权与经营权相分离。因此，农产品提供者既可能是具有承包经营权的农民，也可能是经营权发生流转后的经营者。为了更好地调动农地保护利益主体的积极性，必须明确补偿客体，确保农地外部效益充足供给。对于农地外部效益应补偿给农地的种植者或生产者，不考虑该生产者或种植者如何获得农地经营权和使用权。

由于流转信息登记的缺乏、私自流转等现象存在，全国各个试点城市耕地保护补偿基本上直接发放给原土地的承包权者，而没有发放给提供外部效益的现土地经营者。事实上，若农地外部效益补偿直接发放给农地经营权者，不考虑农地承包权者，则可能造成农地流转受困，承包权者为了获得该部分收益宁愿撂荒也不愿意流转，或者把经营权者应获得补偿额附加于流转租金之上，最终破坏农地经营权流转的市场交易效率。基于此考虑，农地经营权者的补偿不易采取现金支付的方式，可以采取与直接生产和绿色生态产品相关的补贴，如贷款贴息、农业保险补贴及绿色（有机）认证补贴、土壤改良剂补贴及农药包装废弃物、废旧农膜、地膜等农业废弃物回收环节中产生的费用补贴。该补贴方式一方面能有效避免承包权者对补贴的觊觎，另一方面也可以提高经营权者发展绿色农业的积极性与主动性。

农地产权与地方政府无关，但地方政府对辖区范围内农地具有行政管理权。为了提高农地质量和产量，地方政府不断投入资金对辖区内土地进行平整，改善农田水利设施建设，因此，地方政府对农地外部性效益供给具有一定贡献，理应是补偿客体。

地方政府、农村集体经济组织和承包权者有发展经济诉求，为了完成农地保护任务或责任，有可能丧失发展机会。区域之间保护责任多寡，造成区域发展非均衡性，作为保护责任较多和经济发展受损的区域应得补偿，变成补偿客体，但保护责任多寡是相对的，承担保护责任较少区域的地方政府可能成为补偿主体。因此，农地规划管制造成保护责任多寡和发展受限形成的跨区域横向财政转移支付，其补偿对象为地方政府、农村集体经济组织及集体经济组织成员中农地承包权直接获得者（图8-1）。

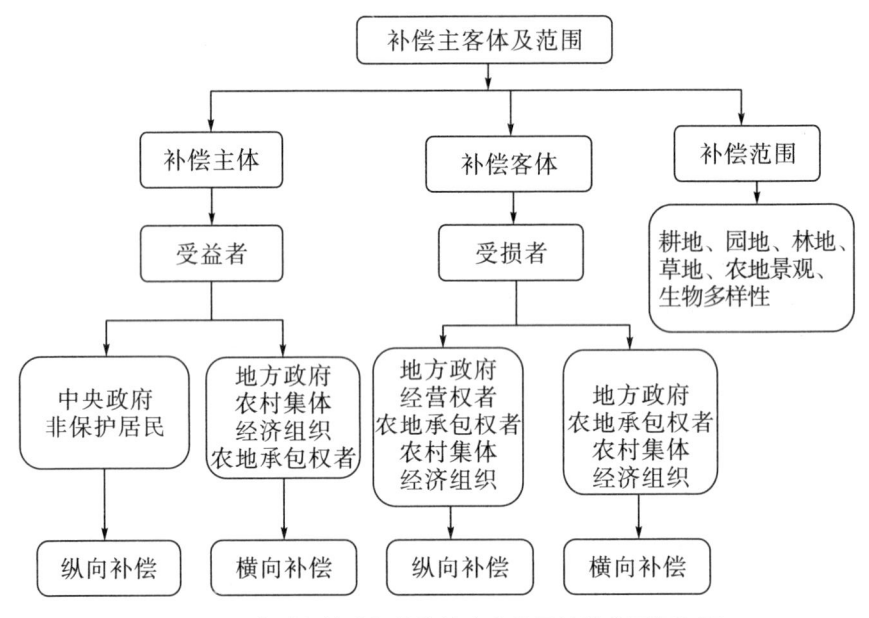

图8-1 农地保护外部性补偿主客体及补偿范围框架图

补偿所指对象是农地资源，该农地资源应是广义的概念和内涵，不仅是本书特指的耕地，也应包括园地、林地、草地以及农村生态景观、生物多样性保护。因此，从建设中国农业经济的长效发展机制来看，农地保护制度补偿应该拓宽补偿的范围和方向，努力稳固农业生态环境和提高农业收入水平。

当然除了农地保护补偿主体客体、补偿所指对象之外，农地保护参与者还可以有很多种，不仅仅是政府、经营权者、承包权者，还应拓宽保护农地参与者，发挥第三方的积极监督作用，呈现保护主体的多元化，这样参与者之间、相关利益主体间才能良性互动，促进农业资源保护与产业发展。

二、关于补偿分类与标准

借鉴国内外农地保护的实践经验，应给予保护主体相应财政补贴和经济补偿。我国耕地资源分布不均衡，具有区域性特征，优质耕地主要分布在东南沿海地带和中部地带，而后备储备资源主要分布在北方和西部干旱地区，特别是我国西部地区承担着较多生态功能，也是我国生态环境脆弱及敏感地区，所以，在国家发展战略中，我国东中西部三个区域的耕地保护责任与使命不同。

东部经济较发达地区，农民非农收入机会较多，生计多样化，补偿标准与模式也应多样化。同时由于生态效益具有尺度依赖和空间差异特征，若统一补偿标准，无论是在空间尺度上对地区而言，还是在微观尺度上对保护主体而言，都是不匹配的。农地保护数量决定了保护外部效益总量，而保护质量则提升了效益的增量，因此，补偿实行数量补偿和质量补偿相结合，补偿额度的确定与耕地质量、地力相挂钩。

基于农地外部性分类，补偿分为纵向补偿和横向补偿，纵向补偿包括基本补偿和差别化补偿，横向补偿包括省域间差别化补偿和省域内差别化补偿（图8-2）。

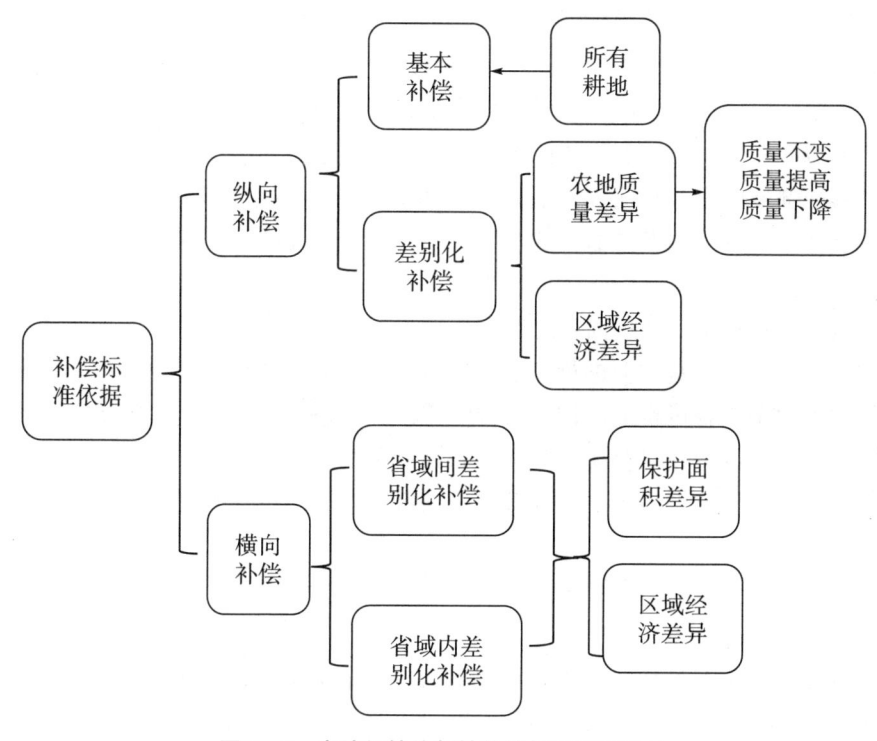

图 8-2　农地保护外部性补偿标准依据设计

基本补偿是国家根据耕地质量对所有耕地进行的最基本的补偿。国家根据县域耕地质量等别确定每一个等别下的基本补偿标准，该补偿标准全国统一，与区域经济水平无关，仅与耕地质量等别有关。条件价值法测度结果可以作为补偿标准下限，机会成本法测算结果作为上限，建立补偿标准时可以根据质量等级数、区域平均等别对测算结果进行修正，某地块质量越高，修正系数越大。

差别化补偿包括农地质量差异补偿和区域经济差异补偿两类。农地质量差异补偿是在基本补偿基础上给予的农地质量提高或下降的激励或惩罚。质量差异的差别化补偿可以借鉴中国目前的农地保护实践，每三年或者五年确定一个农地质量管护系数，质量管护可以分为质量保持不变、质量下降、质量提高三类。按照目前农地质量退化趋势，只要农地质量不下降就应给予奖励，例如，耕地质量保持不变可以在基本补偿基础上给予10%增幅的奖励。耕地质量若提高一个等级则按照新的质量等级给予基本补偿，若提高一个等级以内可以给予将要达到等级与现有耕地质量等级基本补偿差值的50%增幅的奖励。提高一个等级则按照新的质量等级给予基本补偿。如果质量下降要给予补偿标准一定幅度的减额。耕地质量较低的劣等地可以通过轮作、休耕等方式进行耕地地力恢复，在休耕或者轮作期间同样给予基本的补偿。区域经济差异补偿是在基本补偿基础上建立符合区域经济发展水平相当的补偿。

省域间差别化补偿和省域内差别化补偿都属于横向补偿，分别是省域之间和省域内部各个市、县之间因补偿面积的多寡造成区域发展不公应给予的补偿。该补偿完全按照保护面积的多寡，与耕地质量无关，同时结合区域经济发展水平以使补偿额度与经济发展水平相一致。根据区域综合人口承载力核算耕地最低需求量和实际耕地面积之间差异确定承载力盈余区、承载力赤字区和承载力平衡区，在此基础上进行经济发展水平和规划暴损可能性的修正。耕地保护承载力盈余区获得耕地保护承载力赤字区的经济补偿，耕地保护承载力平衡区不需要给予或者获得补偿。同样在省域范围内构建相同的省、市、县多尺度的一体化的保护补偿体系，实现多层级的区际区内一体化的补偿。

三、关于补偿资金来源与使用

目前全国实施耕地保护基金试点地区的资金来源可分为三类：土地出让收入、新增建设用地土地有偿使用费、财政预算收入。农地保护补偿对地方政府的经济实力提出较高要求，特别是农业发展大省，由于宏观经济波动性，仅靠地方政府土地收益很难有稳定的保障，会对地方财政造成巨大经济压力，在全国推广较困难。因此，有限财力下资金应该有所侧重，分区域分方向进行补偿发放，以提高资金的使用效率。

纵向补偿需要由中央和省级政府共同承担补偿主体和承担配套资金责任。省级行政单位和省份内各市县之间横向财政转移由经济发展水平较高区域向经济欠发达区域转移，可以弥补农地保护补偿造成的地方财政压力。横向财政转移支付的实施依赖于中央政府或省级政府主导下的区域多方参与、协商共建，以此促进利益相关者通过有限次的协商达成补偿协议。

由国内的农地保护试点区域补偿标准可知，现阶段的经济补偿仅仅起到了经济激励作用，远未达到相关利益主体利益受损或得益额度，两者之间差距还较大。除了要加大支付补偿力度外，还要依靠经济发展和社会财富分配体制改革，同时对农业补贴和农业支持政策有效整合，形成合力，拓宽资金来源。

补偿资金使用主要分为两种方式：一种是直接发放现金方式，另一种就是购买社会养老保险、医疗保险等间接补偿方式。这两种方式的补偿取决于当地政府财政实力。对于横向补偿，可以采取非资金的补贴方式，比如对技术培训、提供就业、农业贷款、农业保险和开拓市场等给予地方倾斜，特别是引入市场机制，利用市场手段和经济激励政策来提高生态效益，发挥市场机制对生态环境资源供求的引导作用，例如，可以对绿色产品进行食品安全认证服务，经过政府测定与评估，颁发认证产品书，开拓有机或绿色农产品市场。

四、关于农地保护责任与监管

需要打破以往补偿时注重农地保护权益，忽视农地保护责任的问题。农地保护要转移到对农地保护补偿责任的管护上，通过签订责任保护书，落实保护责任和保护资金，乡镇成立保护专员，村设立保护协管员，并建立农地保护责任信息卡制度，实行农地保护责任目标考核体系，每一块农地落实农地保护责任人，地方党委、政府一把手执行一票否决制。

由于区域之间存在空间距离，中央政府和地方政府之间、地方政府和基层组织之间信息不对称，弱化了制度有效实施，完善监督管理机制能有效解决这一问题。农地保护跨区域之间的横向财政转移需要第三方力量介入，监督双方资金使用、农地保护责任实施及协商相关事宜，因此，区域之间应互派人员成立基金监督委员会，明确各方的责任与义务。各级自然资源管理部门应对本区域农地保护工作进行监督管理，鼓励农户及其他利益相关主体共同参与监督农地保护执行、资金使用情况以及违规处罚情况，避免农地保护责任置于公共领域。推出网络化管理平台，加大惩戒力度，增加违规成本，同时公开透明补偿程序、办法、补偿额度、资金走向等，真正落实好补偿机制。

附　录

附录1　成都耕地保护基金调查问卷

尊敬的朋友：

您好！

我们是四川大学公共管理学院农地保护课题组成员，这次在成都市（郊）进行耕地保护基金相关内容调查，主要目的是了解耕地保护基金实施现状以及耕地资源保护补偿意愿，并据此进行科学分析，为课题研究所用。因此，请您在填写或者受访问卷时不要有任何顾虑，同时该问卷是匿名的，不会对您造成不良影响。

为您的理解与配合表示感谢！

调查时间：_____　　问卷编号：_____

调　查　者：_____　　调查地点：_____（乡、镇）_____村（居委会）

一、耕地保护基金调查

1. 您听说过耕地保护基金政策吗？（　　）

   A. 听说过　　　　B. 没有听说过

2. 您对耕地保护基金了解是通过（　　）

   A. 电视　　　　B. 广播　　　　C. 报纸　　　　D. 政府宣传

   E. 村集体宣传　　F. 其他农民

3. 您对耕地保护基金制度满意吗？（　　）

   A. 满意　　　　B. 不满意（若不满意，其原因是_____）

4. 对基金补偿标准满意吗？（　　）

   A. 满意　　　　B. 不满意

5. 是否希望提高补偿标准还是保持不变？（   ）

   A. 不变　　　　　B. 提高

若提高，则

标准提高（%）	不满意	基本满意	满意	很满意	非常满意
25					
50					
75					
100					
200					

6. 您是否因为耕地保护基金的补偿而开始重视耕地保护？（   ）

   A. 是（放弃不利的耕地利用与方式）

   B. 否（还是一如既往，没有任何改变）

7. 耕地保护基金的主要目的是？（若认为多项，按照重要顺序选择）（   ）

   A. 改善生活，增加农户收入

   B. 提高种粮积极性

   C. 保护耕地资源

8. 您是否与村集体签订了耕地保护合同？（   ）

   A. 是　　　　　B. 否

9. ①耕地保护主体是谁？（   ）

   A. 中央政府　　　B. 地方政府　　　C. 农户

②耕地保护责任有哪些？（   ）

   A. 不得非法改变耕地用途

   B. 不得破坏耕作层

   C. 不得闲置荒芜耕地

③若没有履行耕地保护责任，耕地保护基金会受到影响？（   ）

   A. 会　　　　　B. 不会

10. 你知道耕地保护基金的资金使用范围有哪些吗？（   ）

    A. 耕地流转担保金

    B. 农业保险补贴

    C. 农户养老保险补贴

    D. 承担未承包到户耕地保护责任的村组集体经济组织的现金补贴

11. 您对目前耕地保护基金发放形式满意吗？原因是什么？

_____

12. 您对这种资金分配方式满意吗？原因是什么？

_____

二、耕地保护意愿调查

1. 您认为现在种地的效益如何（　　）
   A. 很赚钱　　　　　　　　　　B. 略有盈余
   C. 赔本　　　　　　　　　　　D. 时好时坏不稳定
2. 您家现在选择种地的主要原因是（　　）
   A. 家庭收入主要靠土地
   B. 全家日常生活所需食品靠土地提供
   C. 为以后留给子女继承
   D. 想外出打工，但没有一技之长
   E. 岁数较大，外出打工找不到合适工作
   F. 其他原因_____
3. 在目前国家倡导的耕地保护工作中，您认为存在的较为严重的问题是（可多选）（　　）
   A. 当地政府对农业投入不足
   B. 农民种田收入低，大量农民外出打工
   C. 土壤板结，农田质量逐年下降
   D. 耕地面积不断减少，家庭承包地逐年减少
   E. 当地政府乱占农田，征地补偿低
   F. 农民保护农田意识不强，积极性差
   G. 基本农田保护未落实到具体责任人
   H. 基本农田保护法规不完善
   I. 其他问题
4. 目前您所在区域耕地数量和质量是否在减少与下降？（　　）
   A. 是　　　　　　B. 否
   如何您的选择是 A，则造成这种现象的最主要原因是（　　）
   a. 大量耕地被征收为建设用地
   b. 自然灾害造成可耕作面积减少

c. 农地经济收益较低，农民种地积极性不高，导致大面积撂荒

d. 农药、化肥等现代生物化学品过度使用导致耕地质量下降严重

5. 假设条件允许而且有机会出去务工，您的选择是（　　）

  A. 出去务工　　　B. 在农村种地

您期望您的下一代是在家种地还是到城里务工？（　　）

  A. 出去务工　　　B. 在家种地

6. 若您家还有耕地，那您是否期待该耕地被征收？（　　）

  A. 是　　　　　　B. 否

7. 受偿意愿偏好：

农地除了产生经济价值之外，还提供生态价值、社会价值，但这些被排除在农民的收益之外，为了进一步发挥农民在耕地保护中的积极性和主动性，鼓励非实物性产品的继续供给，应给予一定经济补偿作为回报。现假设国家要建立耕地保护补偿基金计划，该计划决定在国家财力允许情况下每年给予耕地保护者一定的经济补偿，您觉得在现有国家财力下，每年每亩最少应该得到多少钱的补偿？（　　）（选择 1000 元以上的，请直接填写数值）

选项	A	B	C	D	E	F	G	H
	100	120	150	200	250	300	350	400
	I	J	K	L	M	N	O	P
	450	500	600	700	800	900	1000	>1000

8. 支付意愿偏好：

假设为维持受访者所在区域耕地资源环境不降低，必需保有一定数量和质量的耕地，即保持本区域耕地不会被改变用途，不会被退化和破坏，维持在您觉得较满意的水平上，在您目前家庭支付能力情况下是否愿意为这一满意耕地质量与数量环境付出一定的经济代价？（　　）

  A. 愿意　　　　　B. 不愿意

①如果选"不愿意"选项则直接回答第三部分内容。如果选择"愿意"，那么您愿意采取哪种方式进行农地保护？（　　）

  a. 出钱　　　　　b. 参加义务劳动

（选择"出钱"选项，请直接回答第 9 个问题；如果选择"参加义务劳动"选项，请直接回答下面第 10 个问题。）

9. 选择"出钱"方式的请回答（答完此题请直接转到第三部分内容）：

为使您所在区域耕地不受到任何破坏并维持在令您满意的水平上，在您家庭目前的经济收支状况下，您的家庭一年最多愿意出多少钱来保护它们？（　　）（如果选择1000元以上的，请直接填写数值）。

选项	A	B	C	D	E	F	G	H
	80	100	120	150	200	250	300	350
	I	J	K	L	M	N	O	P
	400	450	500	600	700	800	900	1000及以上

10. 选择"参加义务劳动"的请回答：

为继续享用耕地资源带来的好处，使其免受任何破坏并维持在令您满意的水平上，在您家庭目前的劳力状况下，您的家庭一年最多愿意义务劳动多少天来保护它们？（　　）（从以下A~O选项中选择，注：若您选择">14天"，请直接填写愿意劳动的天数。）

选项	A	B	C	D	E	F	G	H
	1	2	3	4	5	6	7	8
	I	J	K	L	M	N	O	
	9	10	11	12	13	14	>14	
	按照目前行情您觉得您一天的劳动可以获得收入（　　）元							

三、受访者的个人及家庭情况

1. 您的性别（　　）

   A. 男性　　　　B. 女性

2. 您的年龄（　　）

3. 您的受教育程度（　　）

   A. 小学以及以下　　　　　　B. 初中

   C. 高中（中专）　　　　　　D. 大专及以上

4. 您是村干部吗？（　　）

   A. 是　　　　B. 否

5. 您的家庭共有_____人，其中出去打工_____人，家庭主要种地劳动力_____人，需抚养人口_____人。

6. ①请问目前您家庭的主业是_____。

②您家庭平均年收入约为（单位：元）（　　）

  A.　10000 以下　　　　B.　10001～12000　　　C.　12001～15000

  D.　15001～20000　　　E.　20001～25000　　　F.　25001～30000

  G.　30001～50000　　　H.　50000～80000　　　I.　80000 以上

③农业收入占您家庭年总收入的比例大约为（　　）

  A.　>80%　　　　　　B.　70%<比例≤80%　　C.　60%<比例≤70%

  D.　50%<比例≤60%　 E.　40%<比例≤50%　　F.　30%<比例≤40%

  G.　20%<比例≤30%　 H.　10%<比例≤20%　　I.　≤10%

附录 2　农业环境污染认知与意愿问卷调查

尊敬的朋友：

您好！我们是四川大学公共管理学院农地保护课题组成员，我们正在进行一项农业污染对健康影响的调查。随着现代科学技术发展，农业生产也发生了翻天覆地的变化，化肥、农药等现代生物化学品促进了农业生产力提高，但同时化肥、农药过度使用，农田废弃物任意处置以及耕作措施的不科学等会引起污染问题，对我们的健康造成较大威胁。您是否担心您购买的水果、蔬菜有农药残留？您是否担心小麦、大米由于土壤污染变成有毒物质呢？为了解决农业生产过程中农业污染问题，现需要了解广大居民对农业污染及其健康影响的认知和意愿情况，为科学合理制定农业保护政策提供依据。该问卷是匿名的，不会对您造成不良影响。

感谢您的参与！

调查区域：_____

调查人：_____　调查时间：_____

一、居民对农业污染及其对健康影响的认知问题

1. 您对农业污染是否了解？（　　）
   A. 完全不了解　　　B. 不太了解　　　C. 一般
   D. 比较了解　　　　E. 非常了解
2. 您认为农业污染会对人体造成健康影响吗？（　　）
   A 会　　　　　　　B. 不会
3. 您所居住的地方郊区农业污染是否严重？（　　）
   A. 完全不严重　　　B. 不太严重　　　C. 一般
   D. 比较严重　　　　E. 非常严重
4. 您觉得现在农业环境保护制度是否应该改革？（　　）
   A. 反对　　　　　　B. 无所谓　　　　C. 支持
   D. 非常支持

二、居民环境保护支付偏好调查

农业污染不仅影响农业可持续发展，而且会对人类的身体健康产生严重影响与威胁。因此，政府决定全面治理农业污染，排除污染对人类身体健康造成的威胁。现假设成都成立了农业保护基金，发展绿色农业，保护成都周边区域的农业环境，减轻农业污染对人体健康的危害，而基金的持续运行需要花费一定成本，您是否愿意为绿色农业贡献一份力量？请回答1~6问。

1. 对于成都市温江、双流、郫都、龙泉驿、新都、青白江区域农业环境的改善，您愿意每年支付一定的费用吗？（　　）

  A. 愿意　　　　　　　B. 不愿意（若不愿意，跳至1.2）

  1.1　若愿意，您愿意每年支付多少元？（　　）

  A. 50~100　　　　　B. 101~150　　　　　C. 151~200

  D. 201~300　　　　　E. 301~400　　　　　F. 401~500

  G. 501~800　　　　　H. 801~1500

  I. 1500元以上（请填具体数_____）

  1.2　若不愿意，请问您的理由是（　　）（可多选）

  A. 经济条件有限，超过支付能力

  B. 虽然有能力支付，但是认为环境保护费用应由政府承担

  C. 担心政府治理能力以及不作为，不愿意支付费用

  D. 其他原因（请填写具体原因_____）

2. 对于成都第二圈层金堂、大邑、浦江、新津、都江堰、崇州、邛崃、彭州农业环境的改善，您愿意每年支付一定的费用吗？（　　）

  A. 愿意　　　　　　　B. 不愿意（若不愿意，跳至2.2）

  2.1　若愿意，您愿意每年支付多少元？（　　）

  A. 50~100元　　　　　B. 101~150元　　　　　C. 151~200元

  D. 201~300元　　　　　E. 301~400元　　　　　F. 401~500元

  G. 501~800元　　　　　H. 801~1500元

  I. 1500元以上（请填具体数值_____）

  2.2　若不愿意，您不愿意支付的理由是（　　）（可多选）

  A. 经济条件有限，超过支付能力

  B. 虽然有能力支付，但是认为环境保护费用应由政府承担

  C. 担心政府治理能力以及不作为，不愿意支付费用

D. 不了解农业污染，不愿意支付费用

E. 离我太远了，支付后对我可能并没有好处

3. 对于雅安、德阳、眉山、乐山、资阳的农业环境改善，您愿意每年支付一定的费用吗？（　　）

  A. 愿意　　　　　　　　B. 不愿意（若不愿意，跳至3.2）

 3.1　若愿意，您愿意每年支付多少元？（　　）

  A. 50~100元　　　　　B. 101~150元　　　　C. 151~200元

  D. 201~300元　　　　E. 301~400元　　　　F. 401~500元

  G. 501~800元　　　　H. 801~1500元

  I. 1500元以上（请填具体数值_____）

 3.2　若不愿意，您不愿意支付的理由是（　　）（可多选）

  A. 经济条件有限，超过支付能力

  B. 虽然有能力支付，但是认为环境保护费用应由政府承担

  C. 担心政府治理能力以及不作为，不愿意支付费用

  D. 离我太远了，支付后对我可能并没有好处

4. 对于绵阳、遂宁、南充、内江、自贡的农业环境改善，您愿意每年支付一定的费用吗？（　　）

  A. 愿意　　　　　　　　B. 不愿意（若不愿意，跳至4.2）

 4.1　若愿意，您愿意每年支付多少元？（　　）

  A. 50~100元　　　　　B. 101~150元　　　　C. 151~200元

  D. 201~300元　　　　E. 301~400元　　　　F. 401~500元

  G. 501~800元　　　　H. 801~1500元

  I. 1500元以上（请填具体数值_____）

 4.2　若不愿意，您不愿意支付的理由是（　　）（可多选）

  A. 经济条件有限，超过支付能力

  B. 虽然有能力支付，但是认为环境保护费用应由政府承担

  C. 担心政府治理能力以及不作为，不愿意支付费用

  D. 不了解农业污染，不愿意支付费用

  E. 离我太远了，支付后对我可能并没有好处

5. 对于宜宾、泸州、广安、广元、巴中、达州、重庆的农业环境改善，您愿意每年支付一定的费用吗？（　　）

  A. 愿意　　　　　　　　B. 不愿意（若不愿意，跳至5.2）

 5.1　若愿意，您愿意每年支付多少元？（　　）

A. 50~100 元　　　　　B. 101~150 元　　　　C. 151~200 元

D. 201~300 元　　　　E. 301~400 元　　　　F. 401~500 元

G. 501~800 元　　　　H. 801~1500 元

I. 1500 元以上（请填具体数值＿＿＿＿＿＿＿＿＿＿＿＿＿＿）

5.2　若不愿意，您不愿意支付的理由是（　　）（可多选）

A. 经济条件有限，超过支付能力

B. 虽然有能力支付，但是认为环境保护费用应由政府承担

C. 担心政府治理能力以及不作为，不愿意支付费用

D. 不了解农业污染，不愿意支付费用

E. 离我太远了，支付后对我可能并没有好处

6. 对于昆明、贵阳、长沙、南昌、武汉、西安、兰州、拉萨、西宁的农业环境改善，您愿意每年支付一定的费用吗？（　　）

A. 愿意　　　　　　　　B. 不愿意（若不愿意，跳至 6.2）

6.1　若愿意，您愿意每年支付多少元？（　　）

A. 50~100 元　　　　　B. 101~150 元　　　　C. 151~200 元

D. 201~300 元　　　　E. 301~400 元　　　　F. 401~500 元

G. 501~800 元　　　　H. 801~1500 元

I. 1500 元以上（请填具体数值＿＿＿＿＿＿＿＿＿＿＿＿＿＿）

6.2　若不愿意，您不愿意支付的理由是（　　）（可多选）

A. 经济条件有限，超过支付能力

B. 虽然有能力支付，但是认为环境保护费用应由政府承担

C. 担心政府治理能力以及不作为，不愿意支付费用

D. 不了解农业污染，不愿意支付费用

E. 离我太远了，支付后对我可能并没有好处

三、居民个人基本情况

1. 您的性别（　　）

A. 男　　　　　　　　　B. 女

2. 您的年龄（　　）

3. 您的受教育程度（　　）

A. 初中或以下　　　　　B. 高中　　　　　　　C. 大学专科

D. 本科　　　　　　　　　　　　　　　　　　　E. 研究生或以上

4. 您所在行业/身份（　　）

A. 公务员　　　　　　B. 事业单位　　　　C. 企业

D. 专业技术人员　　　 E. 学生　　　　　　F. 自由职业

G. 退休人员　　　　　H. 其他

5. 您每月总收入约为（　　）

A. 3000 元以下　　　　B. 3001~5000 元　　 C. 5001~8000 元

D. 8001~12000 元　　　E. 12001~15000 元　　F. 15000 元以上

参考文献

毕淑娜. 耕地轮作休耕制度中美比较分析——基于生态补偿效率的思考 [J]. 地方财政研究, 2018 (9): 108-112.

蔡银莺, 张安录. 规划管制下基本农田保护的经济补偿研究综述 [J]. 中国人口·资源与环境, 2010, 20 (7): 102-106.

蔡银莺, 张安录. 国土空间规划的规制效率及溢出效应研究进展 [J]. 中国土地科学, 2011, 25 (10): 89-95.

蔡银莺, 张安录. 基于农户受偿意愿的农田生态补偿额度测算——以武汉市的调查为实证 [J]. 自然资源学报, 2011, 26 (2): 177-189.

蔡运龙, 霍雅勤. 中国耕地价值重建方法与案例研究 [J]. 地理学报, 2006, 61 (10): 1084-1092.

曹瑞芬, 张安录. 耕地保护补偿标准及跨区域财政转移机制 [J]. 中国人口·资源环境, 2015, 10 (25): 132-139.

车裕斌. 论耕地资源的生态价值及其实现 [J]. 生态经济, 2004 (S1): 224-228.

陈会广, 吕悦. 基于机会成本与 Markov 链的耕地保护补偿基金测算——以江苏省徐州市为例 [J]. 资源科学, 2015, 37 (1): 17-27.

陈建成, 刘进宝, 方少勇, 等. 30年来中国农业经济政策及其效果分析 [J]. 中国人口·资源与环境, 2008, 18 (5): 1-6.

陈丽, 曲福田, 师学义. 耕地资源社会价值测算方法探讨——以山西省柳林县为例 [J]. 资源科学, 2006, 28 (6): 86-90.

陈琳, 欧阳志云, 段晓男, 等. 中国野生动物资源保护的经济价值评估——以北京市居民的支付意愿研究为例 [J]. 资源科学, 2006, 28 (4): 131-136.

陈美球, 洪土林, 许兵杰. 试析农户耕地保护的外部性 [J]. 农林经济管理学报, 2010, 9 (1): 71-75

陈竹. 农地城市流转外部性的测度及外部性内化政策 [D]. 武汉: 华中农业大学, 2011.

楚建群，许超诣，刘云中. 论城市工业用地"低价"出让的动机和收益 [J]. 经济纵横，2014（5）：59-63.

代明，刘燕妮，江思莹. 主体功能区划下的生态补偿标准——基于机会成本和佛冈样域的研究 [J]. 中国人口·资源与环境，2013，23（2）：18-22.

单云慧. 新时代生态补偿横向转移支付制度化发展研究——以卡尔多-希克斯改进理论为分析进路 [J]. 经济问题，2021（2）：107-116.

邓南荣，文雅，张金前，等. 农用地估价中土地还原率和社会保障价格的探讨 [J]. 农业工程学报，2008，24（S1）：164-168.

杜伟，黄敏. 耕地保护经济补偿：基于耕地总量动态平衡的分析与建议 [J]. 四川师范大学学报（社会科学版），2013（6）：96-100.

范少冉. 耕地保有量外部性探讨 [J]. 国土资源科技管理，2005，22（4）：25-33.

甘庭宇. 精准扶贫战略下的生态扶贫研究——以川西高原地区为例 [J]. 农村经济，2018（5）：40-45.

高攀，梁流涛，刘琳轲，等. 基于虚拟耕地视角的河南省县际耕地生态补偿研究 [J]. 农业现代化研究，2019，40（6）：974-983.

顾汉龙，冯淑怡，张志林，等. 我国城乡建设用地增减挂钩政策与美国土地发展权转移政策的比较研究 [J]. 经济地理，2015，35（6）：143-148+183.

何雯. 我国农业补贴政策效果的审视与思考 [J]. 农业经济，2019（9）：107-109.

贺一梅，杨子生. 基于粮食安全的区域人均粮食需求量分析 [J]. 全国商情·经济理论研究，2008（7）：6-8.

侯小凤，陈伟琪，张珞平，等. 沿海农业区施用农药的环境费用分析及管理对策 [J]. 厦门大学学报（自然科学版），2004，43（S1）：236-242.

胡和兵，刘红玉，郝敬锋，等. 城市化流域生态系统服务价值时空分异特征及其对土地利用程度的响应 [J]. 生态学报，2013，33（8）：2565-2576.

胡鹏，覃成林. 空间外部性、空间依赖与空间外溢之辨析 [J]. 地域研究与开发，2011，30（1）：5-10.

胡蓉，邱道持，谢德体，等. 我国耕地资源的资产价值核算研究 [J]. 西南大学学报（自然科学版），2013，35（11）：127-132.

胡耀岭，杨广. 我国保护耕地资源的政府间博弈分析 [J]. 未来与发展，2009（2）：9-13.

黄贤金，张安录. 土地经济学 [M]. 北京：中国农业大学出版社，2008.

贾舒娴，黄健柏，钟美瑞. 生态文明体制构建下的金属矿产开发生态补偿利益均衡研究 [J]. 中国管理科学，2017，25（11）：122-133.

姜广辉，孔祥斌. 耕地保护经济补偿机制分析 [J]. 中国土地科学，2009，23（7）：24-27.

柯水发. 农户参与退耕还林行为理论与实证研究 [M]. 北京：中国农业出版社，2007.

孔祥斌. 中国耕地保护生态治理内涵及实现路径 [J]. 中国土地科学，2020，34（12）：1-10.

赖欣，孙桂凤，刘江，等. 英国农业环境保护政策、措施及其启示 [J]. 农业环境与发展，2012，29（2）：16-19.

兰德尔. 资源经济学 [M]. 施以正，译. 北京：商务印书馆，1989.

李海燕，蔡银莺. 主体功能区农田生态补偿的农户受偿意愿分析——以重点开发、农产品主产和生态功能区为实证 [J]. 农业现代化研究，2016，37（1）：123-129.

李晓光，苗鸿，郑华，等. 机会成本法在确定生态补偿标准中的应用——以海南中部山区为例 [J]. 生态学报，2009，29（9）：4875-4883.

李筱琳，李闯. 日本现代农业环境政策实施路径研究 [J]. 世界农业，2014（4）：83-86.

李效顺，蒋冬梅，曲福田，等. 边际土地利用与经济增长关系计量研究 [J]. 中国人口·资源与环境，2009，19（3）：92-95.

李新文，王健. 微观经济学 [M]. 北京：中国农业出版社，2005.

李泽文. 山东省耕地保护的经济补偿机制研究 [D]. 北京：北京理工大学，2015.

廖和平，王玄德，沈燕，等. 重庆市耕地保护区域补偿标准研究 [J]. 中国土地科学，2011，25（4）：42-48.

林成. 从市场失灵到政府失灵：外部性理论及其政策的演进 [D]. 沈阳：辽宁大学，2007.

刘春江，薛惠锋，王海燕，等. 生态补偿研究现状与进展 [J]. 环境保护科学，2009，35（1）：77-80.

刘慧芳. 论我国农地地价的构成与量化 [J]. 中国土地科学. 2000，14（3）：15-18.

刘利花，杨彬如. 中国省域耕地生态补偿研究 [J]. 中国人口·资源与环境，2019，29（2）：52-62.

刘向华. 基于农业生态服务价值内涵的耕地资源社会价值探析：以河南省为例 [J]. 农林经济管理学报，2015，14（3）：319-326.

刘小红，郭忠兴，陈兴雷. 农地保护外部收益及其分配制度研究 [J]. 经济体制改革，2009（6）：81-84.

刘序，肖广江，雷百战，等. 基于模糊综合评价法的现代农业园区规划项目评价研究 [J]. 热带农业科学，2016，36（1）：90-94.

刘岩，张珞平，洪华生. 厦门岛东海岸区开发规划战略环境评价的基本原理与方法 [J]. 厦门大学学报（自然科学版），2002，41（6）：786-790.

陆小华. 信息财产权——民法视角中的新财富保护模式 [M]. 北京：法律出版社，2009.

吕耀，章予舒. 农业外部性识别、评价及其内部化 [J]. 地理科学进展，2007，26（1）：123-131.

罗必良. 科斯定理：反思与拓展——兼论中国农地流转制度改革与选择 [J]. 经济研究，2017，52（11）：178-193.

罗士俐. 外部性理论的困境及其出路 [J]. 当代经济研究，2009（10）：26-32.

马爱慧，唐鹏. 规划管制下耕地保护空间外溢及区域财政转移——基于四川省的实证 [J]. 长江流域资源与环境，2020，29（3）：776-784.

马爱慧，张安录. 选择实验法视角的耕地生态补偿意愿实证研究——基于湖北武汉市问卷调查 [J]. 资源科学，2013，35（10）：2061-2066.

马文博. 利益平衡视角下耕地保护经济补偿机制研究 [D]. 杨凌：西北农林科技大学，2012.

马晓春，宋莉莉，李先德. 韩国农业补贴政策及启示 [J]. 农业技术经济，2010（7）：122-128.

马歇尔. 经济学原理 [M]. 陈瑞华，译. 西安：陕西人民出版社，2006.

马中. 环境与自然资源经济学概论 [M]. 北京：高等教育出版社，2015.

毛德华，任耀，陈伟华，等. 耕地保护的市场机制研究——基于耕地发展权交易与虚拟耕地战略视角 [M]. 北京：经济日报出版社，2018.

毛显强，钟瑜，张胜，等. 生态补偿的理论探讨 [J]. 中国人口·资源与环境，2002，12（4）：38-41.

牛海鹏，张安录. 耕地保护的外部性及其测算——以河南省焦作市为例 [J]. 资源科学，2009，31（8）：1400-1408.

牛海鹏，张杰，张安录. 耕地保护经济补偿的基本问题分析及其政策路径

[J]. 资源科学, 2014, 36 (3): 427-437.

牛海鹏. 耕地保护的外部性及其经济补偿研究 [D]. 武汉: 华中农业大学, 2010.

钱忠好. 耕地保护的行动逻辑及其经济分析 [J]. 扬州大学学报 (人文社会科学版), 2002 (1): 32-37.

丘水林, 靳乐山. 生态产品价值实现: 理论基础、基本逻辑与主要模式 [J]. 农业经济, 2021 (4): 106-108.

曲福田, 吴丽梅. 经济增长与耕地非农化库兹涅茨曲线假说及验证 [J]. 资源科学, 2004, 26 (5): 61-66.

邵建英, 陈美球. 耕地保护的外部性分析 [J]. 广东土地科学, 2006, 5 (3): 44-48.

邵彦敏, 杨印生. 耕地保护外部性内部化的路径选择 [J]. 农业技术经济. 2008 (2): 19-24.

沈满洪, 陆菁. 论生态保护补偿机制 [J]. 浙江学刊, 2004 (4): 217-220.

石生萍. 经济外部性问题研究 [D]. 重庆: 西南农业大学, 2004.

宋敏, 金贵. 规划管制背景下差别化耕地保护生态补偿研究: 回顾与展望 [J]. 农业经济问题, 2019 (12): 77-85.

宋敏, 张安录. 湖北省农地资源正外部性价值量估算——基于对农地社会与生态之功能和价值分类的分析 [J]. 长江流域资源与环境, 2009, 18 (4): 314-320.

宋敏. 基于 CVM 与 AHP 方法的耕地资源外部效益研究——以武汉市洪山区为例 [J]. 农业经济问题, 2012, 33 (4): 62-70.

苏畅, 杨子生. 日本环境保全型耕地农业系统对中国耕地保护启示 [J]. 中国农学通报, 2020, 36 (31): 86-91.

孙晶晶, 赵凯, 曹慧, 等. 我国耕地保护经济补偿分区及其补偿额度测算——基于省级耕地-经济协调性视角 [J]. 自然资源学报, 2018, 33 (6): 1003-1017.

孙庆刚, 郭菊娥, 安尼瓦尔·阿木提. 生态产品供求机理一般性分析——兼论生态涵养区 "富绿" 同步的路径 [J]. 中国人口·资源与环境, 2015, 25 (3): 19-25.

谭术魁, 涂姗. 征地冲突中利益相关者的博弈分析——以地方政府与失地农民为例 [J]. 中国土地科学, 2009, 11: 27-31+37.

唐忠, 魏素豪. 我国耕地保护补偿: 研究进展、主要争论与理论解释 [J]. 农村经济，2018（5）：1-7.

田春，李世平. 论耕地资源的生态效益补偿［J］. 农业现代化研究，2009，30（1）：106-109.

王大鹏，杨佳妮. 美国土地发展权法律制度的历史演进［J］. 世界农业，2019（4）：38-42.

王国胜. 河流健康评价指标体系与AHP——模糊综合评价模型研究［D］. 广州：广东工业大学，2007.

王京安. "外部性"的争议［J］. 南京工业大学学报（社会科学版），2007，6（4）：57-62.

王军. 资源与环境经济学［M］. 北京：中国农业大学出版社，2009.

王莉，楚尔鸣. 基于粮食安全的区域强制分工与区际利益补偿［J］. 经济地理，2018，38（4）：164-170.

王丽，陈尚，任大川，等. 基于条件价值法评估罗源湾海洋生物多样性维持服务价值［J］. 地球科学进展，2010，25（8）：886-893.

王瑞雪，赵学涛，张安录. 农地非市场价值条件评估法及其应用［J］. 资源科学，2005，27（3）：105-111.

王昱，丁四保，王荣成. 主体功能区划及其生态补偿机制的地理学依据［J］. 地域研究与开发，2009，28（1）：17-21.

魏军才，尚依然，刘金豪，等. 耕地资源资产价值核算研究——以浏阳市为例［J］. 湖南农业科学，2020（9）：94-99.

魏强，席增雷，苏寒云，等. 曹妃甸滨海湿地生态系统支持服务价值空间分异研究［J］. 地理科学，2021，41（5）：890-899.

文兰娇，张晶晶. 国土空间管制、土地非均衡发展与外部性研究：回顾与展望［J］. 中国土地科学，2015，29（7）：4-11.

吴明发，欧名豪，李彦，等. 规划管制下基本农田保护内在机理研究［J］. 生态经济，2011（12）：51-54+61.

谢高地，鲁春霞，冷允法，等. 青藏高原生态资产的价值评估［J］. 自然资源学报，2003，18（2）：189-197.

谢高地，张彩霞，张昌顺，等. 中国生态系统服务的价值［J］. 资源科学，2015，37（9）：1740-1746.

谢高地，张彩霞，张雷明，等. 基于单位面积价值当量因子的生态系统服务价值化方法改进［J］. 自然资源学报，2015，30（8）：1243-1254.

熊鹰. 基于价值当量因子分析的四川省农业生态系统服务价值评价研究［J］.

中国农学通报，2021，37（2）：154-160.

徐东文，王颖凌，叶护平，等. 基于CVM的旅游资源非使用价值评估［J］. 华中师范大学学报（自然科学版），2008，42（2）：646-649.

许恒周，吴冠岑，郭玉燕. 耕地非农化与中国经济增长质量的库兹涅茨曲线假说及验证——基于空间计量经济模型的实证分析［J］. 中国土地科学，2014，28（1）：75-81.

薛明皋，邢路，王晓艳. 中国土地生态系统服务当量因子空间修正及价值评估［J］. 中国土地科学，2018，32（9）：81-88.

薛信阳，马佳，杨德利. 农业补贴政策实施效果研究述评：回顾与展望［J］. 中国农学通报，2018，34（29）：143-150.

杨彬如，李全新. 耕地保护补偿标准研究：以甘肃省为例［J］. 中国农业资源与区划，2018，39（11）：77-83.

杨惠，熊晖. 农地管制中的财产权保障——从外部效益分享看农地激励性管制［J］. 现代法学，2008，30（3）：70-80.

杨庆媛，信桂新，江娟丽，等. 欧美及东亚地区耕地轮作休耕制度实践：对比与启示［J］. 中国土地科学，2017，31（4）：71-79.

杨欣，蔡银莺，张安录. 农田生态补偿横向财政转移支付额度研究——基于选择实验法的生态外溢视角［J］. 长江流域资源与环境，2017，26（3）：368-376.

杨志新. 北京郊区农田生态系统正负效应价值综合评价研究［D］. 北京：中国农业大学，2006.

叶剑平，毕宇珠. 德国城乡协调发展及其对中国的借鉴——以巴伐利亚州为例［J］. 中国土地科学，2010，24（5）：76-81.

叶思菁，宋长青，程锋，等. 中国耕地健康产能综合评价与试点评估研究［J］. 农业工程学报，2019，35（22）：66-78.

殷园. 浅议韩国耕地保护及利用［J］. 辽宁经济职业技术学院（辽宁经济管理干部学院学报），2008（2）：62-63.

雍新琴，张安录. 基于机会成本的耕地保护农户经济补偿标准探讨——以江苏铜山县小张家村为例［J］. 农业现代化研究，2011，32（5）：606-610.

余亮亮，蔡银莺. 规划管制下相关利益群体福利非均衡的制度缺陷分析［J］. 农业现代化研究，2015，36（2）：206-212.

余亮亮，蔡银莺. 国土空间规划管制与区域经济协调发展研究——一个分析框架［J］. 自然资源学报，2017，32（8）：1445-1456.

余仕麟. 新旧福利经济学的价值观差异 [J]. 西南民族大学学报, 2005 (1): 184-188.

俞奉庆, 蔡运龙. 耕地资源价值探讨 [J]. 中国土地科学. 2003, 17 (3): 3-9.

袁梁, 张光强, 霍学喜. 生态补偿对国家重点生态功能区居民可持续生计的影响——基于"精准扶贫"视角 [J]. 财经理论与实践, 2017, 38 (6): 119-124.

袁鹏, 程施. 中国工业环境管制的机会成本分析 [J]. 当代经济科学, 2011, 33 (3): 59-66.

臧俊梅, 张文方, 李明月, 等. 土地发展权制度国际比较及对我国的借鉴 [J]. 农村经济, 2010 (1): 125-129.

曾杰, 李江风, 姚小薇. 武汉城市圈生态系统服务价值时空变化特征 [J]. 应用生态学报, 2014, 25 (3): 883-891.

张安录. 城乡生态经济交错区农地城市流转机制与制度创新 [J]. 中国农村经济, 1999 (7): 43-49.

张冬雪, 牛海鹏. 基于熵权模糊综合评价法的耕地保护经济补偿农户满意度评价——以成都市耕地保护基金为例 [J]. 资源开发与市场, 2018, 34 (3): 303-308.

张乐勤, 荣慧芳. 条件价值法和机会成本法在小流域生态补偿标准估算中的应用——以安徽省秋浦河为例 [J]. 水土保持通报, 2012, 32 (4): 158-164.

张同斌, 张琦, 范庆泉. 政府环境规制下的企业治理动机与公众参与外部性研究 [J]. 中国人口·资源与环境, 2017, 27 (2): 36-43.

张效军. 耕地保护区域补偿机制研究 [D]. 南京: 南京农业大学, 2006.

张翼飞, 陈红敏, 李瑾. 应用意愿价值评估法, 科学制订生态补偿标准 [J]. 生态经济, 2007 (9): 27-31.

张翼飞. 居民对生态环境改善的支付意愿与受偿意愿差异分析——理论探讨与上海的实证 [J]. 西北人口, 2008 (4): 63-68.

章铮. 环境与自然资源经济学 [M]. 北京: 高等教育出版社, 2008.

赵凯. 论"三级三循环"耕地保护利益补偿模式的构建 [J]. 中国人口·资源与环境, 2012, 22 (7): 120-126.

赵荣钦, 黄爱民, 秦明周. 农田生态系统服务功能及其评价方法研究 [J]. 农业系统科学与研究, 2003, 19 (4): 267-270.

甄霖，王超，成升魁. 1953—2016 年中国粮食补贴政策分析［J］. 自然资源学报，2017，32（6）：904-914.

郑功成. 社会保障学：理念、制度、实践与思辨［M］. 北京：商务印书馆. 2000.

郑海霞，张陆彪. 流域生态服务补偿定量标准研究［J］. 环境保护，2006（1）：42-46.

中国生态补偿机制与政策研究课题组. 中国生态补偿机制与政策研究［M］. 北京：科学出版社，2007.

钟骁勇，李洪义. 耕地资源价值核算方法研究综述［J］. 中国国土资源经济，2020，9（39）：41-48.

周小平，柴铎，卢艳霞，等. 耕地保护补偿的经济学解释［J］. 中国土地科学，2010，24（10）：30-35.

周学红，马建章，张伟，等. 运用CVM评估濒危物种保护的经济价值及其可靠性分析［J］. 自然资源学报，2009，24（2）：276-286.

朱柏铭. 公共经济学［M］. 杭州：浙江大学出版社，2002.

朱芳，潘洪义，房力川，等. 四川省耕地资源功能演变与预测［J］. 江苏农业科学，2019，47（2）：292-297.

朱俭凯，刘艳芳，焦霄黎. 武汉城市圈耕地资源价值体系及其估算研究［J］. 国土与自然资源研究，2012（2）：35-37.

朱新华，曲福田. 不同粮食分区间的耕地保护外部性补偿机制研究［J］. 中国人口·资源与环境，2008，18（5）：148-153.

朱新华，曲福田. 基于粮食安全的耕地保护外部性补偿途径与机制设计［J］. 南京农业大学学报（社会科学版），2007，7（4）：1-7.

BAYLIS K，PEPLOW S，RAUSSER G，et al. Agri-environmental policies in the EU and United States：a comparison［J］. Ecological economics，2008，65（4）：753-764.

BELL A，PARKHURST G，DROPPELMANN K，et al. Scaling up pro-environmental agricultural practice using agglomeration payments：Proof of concept from an agent-based model［J］. Ecological economics，2016，126：32-41.

BROWN C，KOVACS E，HERZON I，et al. Simplistic understandings of farmer motivations could undermine the environmental potential of the common agricultural policy［J］. Land use policy，2020，101：105136.

DRAKE L. The non-market value of Swedish agricultural landscape [J]. European review of agricultural economics, 1992, 19 (3): 351-364.

GREGORY R S. Valuing environmental policy options: a case study comparison of multiattribute and contingent valuation survey methods [J]. Land Economics, 2000, 76 (2): 151-173.

HACKL F, HALLA M, PRUCKNER G J. Local compensation payments for agri-environmental externalities: a panel data analysis of bargaining outcomes [J]. European review of agricultural economics, 2007, 34 (3): 295-320.

HACKL F, PRUCKNER G J. Towards more efficient compensation programmes for tourists benefits from agriculture in Europe [J]. Environmental and resource economics, 1997, 10 (2): 189-205.

HANLEY N, WHITBY M, SIMPSON I. Assessing the success of agri-environmental policy in the UK [J]. Land use policy, 1999, 16: 67-80.

HEIN L, KOPPEN K V, DE GROOT R S, et al. Spatial scales, stakeholders and the valuation of ecosystem services [J]. Ecological economics, 2006, 57: 209-228.

HERZOG F, DREIER S, HOFER G, et al. Effect of ecological compensation areas on floristic and breeding bird diversity in Swiss agricultural landscapes [J]. Agriculture ecosystems and environment, 2005, 108: 189-104.

JU Y, BOMB P. Externalities and compensation: primeval games and solutions [J]. Journal of mathematical Economics, 2008, 44: 367-382.

KOZAK J, LANT C, SHAIKH S, et al. The geography of ecosystem service value: the case of the Des planes and Cache river wetland, Illinois [J]. Applied geography, 2011, 31: 303-311.

KROEGER T, CASEY F. An assessment of market-based approaches to providing ecosystem services on agricultural lands [J]. Ecological economics, 2007, 64: 321-332.

LEWIS D J, BARHAM B L. Spatial externalities in agriculture: empirical analysis, statistical identification, and policy implications [J]. World development, 2008, 36 (10): 1813-1829.

LIZIN S, VAN PASSEL S, SCHREURS E. Farmers' perceived cost of land use restrictions: a simulated purchasing decision using discrete choice experiments [J]. Land use policy, 2015 (46): 115-124.

LOOMIS J B. Vertically summing public good demand curves: an empirical comparison of economic versus political jurisdictions [J]. Land economics, 2000, 76 (2): 312-321.

LYNCH L, MUSSER W N. A relative efficiency analysis of farmland preservation programs [J]. Land economics, 2001, 77 (4): 577-594.

MAHAN B L, POLASKY S, ADAMS R M. Valuing urban wetlands: a property price approach [J]. Land economics, 2000, 76 (1): 100-113.

PAPAGERGIOU G J. Spatial Externalities: Theory [J]. Annals of the association of American geographers, 1978, 68 (4): 465-476.

PARKER D C. Revealing "space" in spatial externalities: edge — effect externalities and spatial incentives [J]. Journal of environmental economics and management, 2007, 54: 84-99.

PATE J, LOOMIS J B. The effect of distance on willingness to pay values: a case study of wetlands and Salmon in California [J]. Ecological economics, 1997, 20 (3): 199-207.

WUNDER S. Revisiting the concept of payments for environmental services [J]. Ecological economics, 2015, 117: 234-243.